Catherine **Carlo**
Mariella **Causa**

Civilisation
Progressive
du Français

2e ÉDITION

avec 430 exercices

CLE
INTERNATIONAL
www.cle-inter.com

Direction éditoriale : Michèle Grandmangin/Vainseine
Édition : Christine Grall
Mise en page : AMG
Cartographie : Graffito
Iconographie : Danièle Portaz
Couverture : Fernando San Martín

AVANT-PROPOS

La *Civilisation progressive du français* s'adresse à un public d'adolescents et d'adultes de niveau A1/A2.

Ce livre propose un ensemble de textes courts et d'activités pédagogiques simples qui permettent aux apprenants :
• de se construire des repères sur la civilisation/culture française et francophone ;
• de saisir les permanences et les changements récents de la société française ;
• de prendre conscience de la diversité des points de vue sur les différents thèmes présentés ;
• de mener une réflexion sur leur propre culture et sur la culture de « l'autre ».

En bref, d'adopter une démarche d'analyse et d'interprétation des réalités françaises et francophones dès le début de l'apprentissage du français.

Pour permettre aux apprenants de faire un point initial sur leurs connaissances, un test rapide est proposé à la fin de l'ouvrage.

Chacun des trente thèmes est traité de manière indépendante. Ainsi, le livre n'a pas d'ordre préétabli et il est possible, en situation de classe, de déterminer une progression en fonction des intérêts et des objectifs de l'enseignant et des apprenants. Par ailleurs, l'organisation de l'ouvrage permet à l'apprenant de mener un travail autonome.

Chaque thème, développé en général sur une double page, constitue un tout. Sur la page de gauche figurent les informations sous forme de textes, de photos, de dessins ; sur la page de droite se trouvent les activités de compréhension, d'analyse, d'interprétation des informations fournies et de réflexion interculturelle. Sur cette page d'activités figurent également, la plupart du temps, des informations complémentaires sous forme d'encadrés, de graphiques et de tableaux.

Des documents sonores font écho à certains des thèmes traités.

À la fin de l'ouvrage, un tableau historique donne une vision d'ensemble des principaux événements qui ont construit la France d'aujourd'hui et qui font partie des références partagées des Français ; un lexique reprend et précise les notions spécifiques qui sont marquées d'un astérisque[*] dans le livre.

Un livret de corrigés accompagne la *Civilisation progressive du français*. Il développe sur certains points les thèmes abordés dans le manuel. Il permet ainsi à l'enseignant d'élargir les sujets traités, et à l'étudiant qui travaille en autonomie de vérifier et de développer les connaissances acquises.

SOMMAIRE

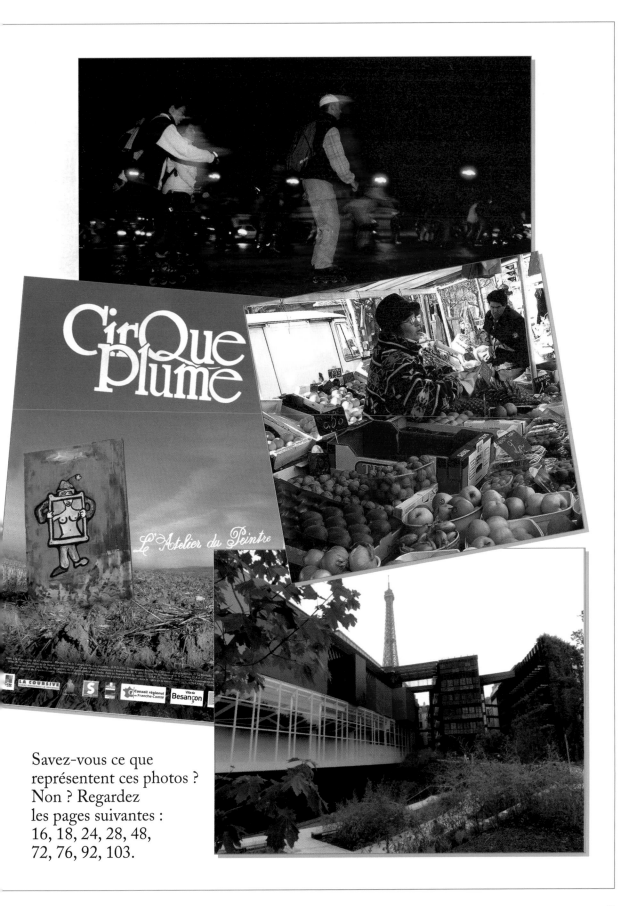

Savez-vous ce que
représentent ces photos ?
Non ? Regardez
les pages suivantes :
16, 18, 24, 28, 48,
72, 76, 92, 103.

GÉNÉRALITÉS

La France a une superficie de 551 602 km². Elle compte 22 **régions** et 95 **départements**. À cela, il faut ajouter les quatre départements d'outre-mer (Guadeloupe, Guyane, Martinique et Réunion). Chaque région a sa capitale régionale et chaque département a son **chef-lieu*** (aussi appelé préfecture). Par exemple, en Provence-Alpes-Côte d'Azur, la capitale régionale est Marseille ; Gap, Digne, Avignon, Toulon et Nice sont les chefs-lieux de département.

La France est appelée l'**Hexagone** car elle a six côtés : trois maritimes et trois terrestres. Les côtés maritimes donnent sur la Manche (au nord), sur l'océan Atlantique (à l'ouest) et la mer Méditerranée (au sud). Les frontières terrestres séparent la France de la Belgique et du Luxembourg (au nord), de l'Allemagne, de la Suisse et de l'Italie (à l'est) et de l'Espagne (au sud-ouest).

Les départements ont été créés pendant la Révolution française. À chaque département correspond un code qu'on utilise, par exemple, pour les adresses postales.

1 Regardez cette enveloppe. Dans quel département est situé Cancale ?
(Pour vous aider, consultez http:// www.france.learningtogether.net/introdepartement.htlm)

2 Les départements sont classés par ordre alphabétique. À votre avis, quel est le numéro de département de :

– Avignon (Vaucluse)	01	35	43	84
– Besançon (Doubs)	25	93	06	64
– Paris (Seine)	22	95	75	02

Observez la carte :

3 Par quelles villes passe la Loire ?

4 Y a-t-il des îles en France ? Si oui, où sont-elles situées ?

5 Les grandes villes sont-elles situées en montagne ?

6 Quelle est la différence essentielle entre l'Est et l'Ouest de la France du point de vue géographique ?

LE CLIMAT

Le climat est **tempéré**, mais il varie aussi d'une région à l'autre. On parle de trois types de climat en France : le climat **océanique** dans l'Ouest, avec des pluies abondantes et des étés tièdes ; le climat **continental** dans l'Est, avec des hivers froids et des étés chauds ; le climat **méditerranéen** dans le Sud, avec des hivers doux et des étés chauds. En montagne, le climat est plus rude : les hivers sont longs et froids et les étés, relativement frais.

LES PAYSAGES

Le paysage change en fonction du climat, mais aussi en fonction du relief. En France, il y a de grandes **plaines** comme le Bassin parisien dans le Nord et le Bassin aquitain dans le Sud-Ouest, des **pâturages** dans le Nord et dans les Alpes, des **forêts** de sapins et des **lacs** en montagne, du **maquis** en Corse, des **vignes** dans la vallée du Rhône et le Bordelais, de l'**olivier** et des **cultures maraîchères*** dans le Sud.

LE RELIEF

Le sommet le plus élevé est le **mont Blanc**, dans les **Alpes** (au sud-est), mais la France a d'autres massifs importants comme les Pyrénées (au sud-ouest), le **Massif central** (au centre), le **Jura** (à l'est) et les **Vosges** (au nord-est).
Les rivières et les fleuves sont très nombreux. Les fleuves les plus importants sont : la **Seine**, qui traverse Paris, la **Loire**, qui traverse le centre du pays, le **Rhône**, qui naît en Suisse et qui traverse Lyon, le **Rhin**, qui naît lui aussi en Suisse et qui traverse Strasbourg, enfin la **Garonne**, qui naît en Espagne et traverse Bordeaux. De nombreux canaux* relient les rivières entre elles.

Le lac d'Annecy, dans les Alpes.

1   Cherchez sur les cartes (au début du livre et page 8) des villes où l'hiver est :

• doux :

_____

• froid :

_____

• très froid :

_____

2   Quel climat préférez-vous en France ? Pourquoi ?

_____

_____

_____

_____

_____

_____

_____

Oliviers et lavande en Provence.

3   Reliez un mot (et un seul) de la colonne 1 à un mot de la colonne 2 :

Région			Paysage
Corse	●	●	Montagne
Provence-Alpes-Côte d'Azur	●	●	Maquis
Bretagne	●	●	Olivier
Auvergne	●	●	Vigne
Aquitaine	●	●	Mer

4   Quel type de paysage préférez-vous en France ? Pourquoi ?

_____

_____

5   Est-ce qu'on pourrait prendre les photos des pages 10 et 11 dans votre pays ?

_____

2

LES RÉGIONS FRANÇAISES

PICARDIE, NORD-PAS-DE-CALAIS

• La Picardie

C'est une région **agricole** grâce à ses plaines étendues et à la Somme qui la traverse. On y cultive surtout le blé et l'orge. La capitale régionale est **Amiens** (environ 140 000 habitants). La ville a été en grande partie détruite pendant les deux guerres mondiales, mais elle garde encore quelques belles traces de son passé.

• Le Nord-Pas-de-Calais

Le Nord est le **carrefour** de l'Europe par sa position entre Nord et Sud, Est et Ouest. Longtemps cette région a vécu grâce aux mines de charbon, aujourd'hui fermées (la dernière a été fermée en 1990). La mise en service du **TGV** entre Paris, Londres, Bruxelles et Amsterdam a donné un nouvel élan à l'économie. La capitale régionale est **Lille** (environ 225 000 habitants).

À visiter, à voir

• **La cathédrale Notre-Dame à Amiens :** édifiée au XIIIe siècle, la cathédrale Notre-Dame est le plus vaste édifice gothique de France. Un spectacle *sons et lumières* a lieu dans cette cathédrale chaque année. Depuis 1981, elle est sur la liste du patrimoine mondial de l'Unesco*.

• **Les hortillonnages :** ce sont des jardins de cultures maraîchères situés sur de petits îlots. Une fois dans l'année, un marché se déroule en barque et en costumes d'autrefois.

• **Le musée d'Art moderne de Villeneuve-d'Ascq :** construit en briques typiques de l'architecture du Nord, il date des années quatre-vingt. Il abrite une collection importante d'art moderne, d'art contemporain et de nombreuses sculptures dans son parc.

• **Le Touquet-Paris-Plage :** c'est la plage la plus proche de Paris. Le Touquet est aussi connu pour son architecture balnéaire qui date de la fin du XVIIIe siècle et pour ses activités sportives (la voile et le char à voile).

Les hortillonnages à Amiens.

■ **Quelques personnages célèbres**

Jules Verne passe une grande partie de sa vie à Amiens où il écrit *Voyages extraordinaires*.
Henri Matisse, peintre célèbre, naît au Cateau-Cambrésis (Nord) en 1869.
Dany Boon, de son vrai nom Daniel Hamidou, né en 1966 à Armentières, est l'auteur d'une comédie très populaire, *Bienvenue chez les Ch'tis**.

■ **Spécialités gastronomiques**

La bière et la flamiche (tarte salée) dans le Nord. La crème Chantilly en Picardie.

■ **Activités économiques**

Picardie : industrie du verre de Saint-Gobain, industrie agroalimentaire (Findus, Nestlé, Panzani), tourisme.
Nord-Pas-de-Calais : pêche industrielle et industrie alimentaire du poisson ; industrie textile ; élevage industriel ; culture de céréales.

1 Regardez la carte au début du livre. Situez la Picardie et le Nord-Pas-de-Calais.

2 Dans quels départements sont situées les capitales de ces régions ?

3 Associez le Nord-Pas-de-Calais et la Picardie à trois mots et dites pourquoi.

4 Pourquoi le TGV a-t-il fait de Lille une ville plus dynamique ?

5 Observez la carte de la page 8 : comment vous représentez-vous la Picardie ?

6 Pourquoi peut-on dire d'Amiens qu'elle est une « ville verte et bleue » ?

Char à voile sur la plage du Touquet.

CHAMPAGNE-ARDENNE, ALSACE ET LORRAINE

La ville de Colmar.

• La Champagne-Ardenne

C'est une région de passage, connue avant tout pour le **champagne** et ses caves. Le succès de ce vin se traduit en chiffres : en 2009, 270 millions de bouteilles ont été vendues ! Les **vignobles** occupent 62 % de l'espace régional et leur qualité est due au sol et au climat particulier de cette région. La capitale régionale est **Châlons-en-Champagne** (environ 45 000 habitants), mais la ville la plus connue est **Reims**.

• L'Alsace et la Lorraine

L'Alsace et la Lorraine sont deux régions **frontalières** avec une forte identité culturelle et une histoire tourmentée. Entre 1871 et 1945, elles ont appartenu tantôt à l'Allemagne, tantôt à la France. Elles sont les seules régions de France où s'applique le **concordat***, c'est-à-dire qu'un enseignement religieux est donné à l'école publique. L'Alsace est le troisième pôle scientifique français. La capi-

tale régionale est **Strasbourg** (environ 272 000 habitants), siège du Conseil de l'Europe* et du Parlement européen*. La Lorraine, ancien centre minier en crise depuis les années soixante-dix, et région à forte migration dans la première moitié du XXe siècle, est aujourd'hui en pleine reconversion. La capitale régionale est **Metz** (environ 123 000 habitants).

À visiter, à voir

• **Colmar** : la ville se caractérise par ses maisons gothiques et de la Renaissance et par les nombreux canaux qui la traversent.

• **La place Stanislas à Nancy** : le roi Stanislas (dernier duc de Lorraine) a fait construire cet ensemble architectural, aujourd'hui classé sur la liste du patrimoine mondial de l'Unesco*.

• **Le parc naturel* régional de la forêt d'Orient** : il abrite des lacs et des forêts. C'est le paradis des oiseaux : plus de 267 espèces ont été observées à ce jour.

• **La cathédrale de Reims** est un bel exemple de l'architecture gothique. C'est ici que, depuis Clovis, les rois étaient sacrés.

■ **Personnages célèbres**

Jean de La Fontaine, auteur des célèbres *Fables,* naît en 1621 à Château-Thierry.
Paul Verlaine, poète symboliste, naît à Metz en 1844.
Arthur Rimbaud, poète symboliste, naît à Charleville-Mézières en 1854.
Bernard-Marie Koltès, un des dramaturges contemporains les plus connus en France, naît à Metz en 1948.

■ **Spécialités gastronomiques**

Champagne-Ardenne : la viticulture, la culture de céréales, le champagne.
Alsace-Lorraine : la quiche lorraine, le munster (fromage de vache), la tarte aux mirabelles, la choucroute alsacienne, le kouglof (gâteau alsacien), le riesling (vin blanc d'Alsace).

■ **Activités économiques**

Alsace : viticulture, brasserie, tabac, industrie automobile, textile, biotechnique, électronique.
Lorraine : lait, céréales, élevage, bois, industrie sidérurgique et métallurgique, industrie automobile, transformation de métaux, cristalleries (Baccarat).

1 Regardez la carte au début du livre. Situez la Champagne-Ardenne, l'Alsace et la Lorraine.

2 Dans quels départements sont situées les capitales de ces régions ?

3 Associez la Champagne-Ardenne, l'Alsace, la Lorraine à trois mots et dites pourquoi.

4 Pourquoi la ville de Reims est-elle plus connue que la capitale régionale ?

5 Lisez le texte ci-contre et rédigez un slogan publicitaire pour les marchés de Noël.

Marchés de Noël

Depuis le XVIe siècle, Strasbourg organise son marché de Noël autour de la cathédrale. Pendant plus d'un mois, la ville entière fête Noël et devient une ville lumière. Les maisons décorées, les guirlandes de lumière dans les arbres, le grand sapin de la place Kléber, les douze marchés gourmands, les nombreuses manifestations culturelles attirent des milliers de visiteurs.

D'après un document de l'office de tourisme de Strasbourg.

6 En quoi la situation de l'Alsace et de la Lorraine est-elle particulière par rapport à d'autres régions de France ?

BOURGOGNE ET FRANCHE-COMTÉ

• La Bourgogne

C'est une région aux paysages très variés. Le plus beau et le plus apprécié de ces paysages est le vignoble. La culture de la vigne existe depuis la conquête romaine. Très vite, les **vins** de Bourgogne ont connu une grande renommée. Le vignoble de la Côte d'Or s'étend sur plus de 60 kilomètres : c'est la voie royale pour les gastronomes ! La capitale régionale est **Dijon** (environ 150 000 habitants).

• La Franche-Comté

Cette région devient française en 1678. Depuis cette date, la capitale régionale est **Besançon** (environ 120 000 habitants). À la demande de Louis XIV, qui souhaite une ville fortifiée à l'est du pays, Vauban construit une **citadelle***. Ce chef-d'œuvre de l'architecture militaire abrite maintenant le Musée populaire comtois, le musée d'Histoire naturelle et le musée de la Résistance et de la Déportation.

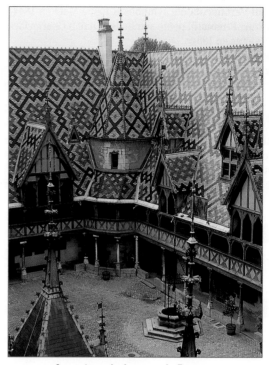

Les toits polychromes de Beaune.

La Saline royale d'Arc-et-Senans.

À visiter, à voir

• **L'Hôtel-Dieu à Beaune :** les étrangers connaissent en général les toits et les façades de cet ancien hôpital. Il s'agit de toits polychromes aux couleurs vives et aux formes géométriques parfaitement conservés. Cet édifice est considéré comme le joyau de l'architecture médiévale bourguignonne.

• **La Saline royale d'Arc-et-Senans :** depuis l'Antiquité, le Jura produit du sel. À partir du XVIIIe siècle, le centre de production est la ville d'Arc-et-Senans. La Saline a fonctionné comme usine pendant quelques décennies seulement. Aujourd'hui, des fêtes, des spectacles et des expositions y sont organisés chaque année. Depuis 1983, cette Saline est classée sur la liste du Patrimoine mondial de l'Unesco*.

ACTIVITÉS

■ **Quelques personnages célèbres**

Louis Pasteur naît à Dole en 1822.
Gustave Eiffel naît à Dijon en 1832.
Victor Hugo naît en 1802 à Besançon où son père se trouvait en garnison.
Auguste et Louis Lumière, inventeurs du cinématographe, naissent à Besançon en 1862 et 1864.

■ **Spécialités gastronomiques**

Le bœuf bourguignon, plat familial et traditionnel, à base de vin rouge ; la moutarde de Dijon ; le Kir, apéritif à base de vin blanc et de crème de cassis ; le comté, fromage fabriqué dans le massif du Jura.

■ **Activités économiques**

Bourgogne : secteur alimentaire (vins, moutarde, bœufs du Charolais, pain d'épice), industrie chimique, cuir, papier.
Franche-Comté : encore un peu d'horlogerie, mécanique de haute précision, industrie automobile, industrie agroalimentaire.

1 Regardez la carte au début du livre. Situez la Bourgogne et la Franche-Comté.

2 Dans quels départements se trouvent les capitales de ces régions ?

3 Associez la Bourgogne et la Franche-Comté à trois mots et dites pourquoi.

4 À quelles œuvres associez-vous le nom de Victor Hugo ? (Aidez-vous d'une encyclopédie ou consultez : http://www.ac-strasbourg.fr/pedago/lettres/victor hugo/Communs/Bibliographie.htm)

5 À quelles œuvres associez-vous le nom de Gustave Eiffel ? (Aidez-vous d'une encyclopédie)

6 Imaginez une publicité pour développer le tourisme en Franche-Comté. (Vous pouvez parler d'un personnage célèbre, des spécialités de la région, de l'activité économique...)

NORMANDIE

La Normandie comprend la **Haute-Normandie** (capitale régionale : **Rouen**, environ 110 000 habitants) et la **Basse-Normandie** (capitale régionale : **Caen**, environ 110 000 habitants). C'est une région aux paysages variés (collines, bocages*, forêts et 500 kilomètres de côte). La Normandie est aussi la région la plus pluvieuse de France ! Ses plages ont connu des événements historiques : c'est ici que les Américains ont débarqué en 1944.

À visiter, à voir

• **La maison de Claude Monet à Giverny :** c'est la maison que le peintre impressionniste* habite de 1883 jusqu'à sa mort en 1926. Il n'y a là aucune toile ; on y vient pour observer le cadre de vie et le jardin que Monet a entièrement créé. Il a peint ici certaines de ses plus belles toiles, comme les *Nymphéas*.

• **La cathédrale de Rouen :** cette belle cathédrale gothique a été édifiée en plus de trois siècles (XIIe-XVIe). Très abîmée pendant les bombardements en 1944, elle a été complètement restaurée. Claude Monet l'a souvent peinte.

• **Honfleur :** petit port de pêche, créé sous Louis XIV. Le Vieux Bassin est l'endroit le plus connu de la ville : il est entouré de petites maisons qui datent des XVIIe et XVIIIe siècles, ainsi que de nombreux restaurants.

• **Le Mont-Saint-Michel** est impressionnant. Construit sur une petite île entre les XIe et XVIe siècles, c'est une forteresse renfermant une petite ville et une abbaye*. C'est aussi un des sites touristiques les plus célèbres de France.

Au Mont-Saint-Michel ont lieu les plus grandes marées d'Europe continentale : jusqu'à 15 mètres de différence entre la marée basse et la marée haute. La mer monte et descend sur une distance de 15 kilomètres environ.

■ **Quelques personnages célèbres**

Gustave Flaubert naît à Rouen en 1821.
Eugène Boudin, maître de Claude Monet, naît à Honfleur en 1824.
Erik Satie, musicien français, naît à Honfleur en 1866.

■ **Spécialités gastronomiques**

Le camembert et le livarot (fromages de vache), les coquilles saint-jacques, la crème fraîche, le calvados (alcool de pomme) et le cidre.

■ **Activités économiques**

Élevage de bovin laitier et produits laitiers ; cultures maraîchères et fruitières (pomme) ; centrale nucléaire de Flamanville ; activités portuaires.

1 Regardez la carte au début du livre. Situez la Haute-Normandie et la Basse-Normandie.

2 Dans quels départements sont situées les capitales de ces régions ?

3 Associez la Normandie à trois mots et dites pourquoi.

4 À votre avis, pourquoi le Mont-Saint-Michel est-il très fréquenté ?

5 On parle d'une « réponse de Normand » quand on ne répond à une question ni par un « oui » ni par un « non ». Y a-t-il une expression équivalente chez vous ?

6 Pourquoi la Normandie est-elle une région touristique ? Faites une liste des raisons qui vous donnent envie de visiter cette région.

BRETAGNE

L'île d'Ouessant.

La Bretagne est la région la plus à l'ouest de la France. Sa position maritime a marqué son histoire et son mode de vie. Traditionnellement pays de **marins** et d'**agriculteurs**, la Bretagne est encore aujourd'hui tournée vers l'océan et vers la terre. Grâce à la variété de ses côtes et à sa vingtaine d'îles (les plus importantes sont Batz, Bréhat, Ouessant, Belle-Île, Groix), grâce à ses villages de granit et à ses églises, c'est une région touristique. La **pêche** reste active (Lorient, Douarnenez). L'**agriculture** s'est développée et a changé. Elle est aujourd'hui mécanisée, tournée vers l'élevage et les grandes exploitations agricoles.

La Bretagne est aussi devenue une région **d'industries** et de **services***, après les grands travaux qui ont modifié le réseau de communication (larges routes, TGV) et ont aidé à la création d'entreprises nouvelles. Longtemps pauvre, c'est maintenant une région riche. **Rennes** (210 000 habitants environ) est la capitale régionale.

À visiter, à voir

• **Saint-Malo :** un port historique qui est aussi une ville entourée de remparts (hauts murs de protection).

• **Ouessant :** une île située près de Brest, à la beauté sauvage. Quand la mer est mauvaise, la navigation y est dangereuse ; un dicton dit : « Qui voit Ouessant voit son sang. »

• **Le Festival interceltique de Lorient :** un festival international de musique qui, au mois d'août, invite des musiciens venant de pays celtiques* à jouer de la musique traditionnelle, mais aussi du rock, du jazz et de la musique symphonique.

■ **Quelques personnages célèbres**

René de Chateaubriand, écrivain, naît à Saint-Malo en 1768.
Éric Tabarly, célèbre navigateur breton, disparaît en mer en 1998.
Merlin l'Enchanteur, magicien des légendes celtes.

■ **Spécialités gastronomiques**

Les crêpes (salées et sucrées), le cidre, les coquillages, les crustacés et les poissons.

■ **Activités économiques**

Agriculture (élevage de porcs et de bovins, poulaillers industriels, maïs et orge); pêche; tourisme; industrie automobile, télécommunications.

1 Regardez la carte au début du livre. Situez la Bretagne.

2 Dans quel département est située la capitale de cette région ?

3 Associez la Bretagne à trois mots et dites pourquoi.

4 À la manière de l'écrivain George Perec, qui a écrit *Deux cent quarante-trois cartes postales en couleurs véritables*, envoyez une carte postale traditionnelle de Bretagne :

> Nous campons non loin de Perros-Guirec. À force de rester sur la plage, j'ai pris un coup de soleil. Baisers.

> Nous traversons Quiberon. Douce inaction. On mange très bien. Je prends un peu de ventre. Baisers à vous.

> Un petit mot de Quimperlé ! on se dore au soleil. Fruits de mer à gogo. J'ai appris à faire les crêpes. Mille pensées.

George Perec, *L'Infra-ordinaire*, Seuil, 1989.

5 Pourquoi la Bretagne est-elle devenue une région riche ?

LE CENTRE ET LES PAYS DE LA LOIRE

Ces deux régions ont plusieurs points communs : la **Loire**, la variété des paysages, la douceur du climat et, bien entendu, les **châteaux royaux** de la Renaissance (Blois, Chenonceaux, Chambord, Azay-le-Rideau...)! Le Centre se distingue principalement pour ses plaines et ses forêts, alors que la région des Pays de la Loire se distingue surtout pour ses côtes très fréquentées par les familles en été (Vendée). Ce sont des régions riches d'histoire et de vestiges du passé (la cathédrale de Chartres, la cathédrale de Bourges, la vieille ville de Tours, etc.). **Orléans** est la capitale régionale du Centre (environ 117 000 habitants) et **Nantes** est la capitale des Pays de la Loire (environ 283 000 habitants).

À visiter, à voir

• **Amboise :** la ville d'Amboise a une histoire très ancienne. En 1434, elle devient résidence royale. Son agrandissement et sa modernisation doivent beaucoup à François Ier. Le château, édifié aux XVe et XVIe siècles, devient ainsi la première résidence royale de la Renaissance. En été, on propose des animations sur cette période historique.

• **Le Clos-Lucé,** résidence de Léonard de Vinci (de 1517 à 1519) où sont exposées ses fabuleuses machines.

• **L'île de Noirmoutier** est une petite île basse qui se caractérise par ses dunes et ses marais salants, où on récolte du sel. L'île vit aussi de la pêche et de l'ostréiculture*.

La Loire à Chaingy.

■ **Personnages célèbres**

François Rabelais, auteur de *Gargantua* et de *Pantagruel*, naît à Chinon en 1494.
Balzac, auteur de la *Comédie humaine*, naît à Tours en 1799.
Léonard de Vinci meurt à Amboise (1519).
Aristide Bruant, le chansonnier de Montmartre, naît en 1851 à côté de Montargis.

■ **Spécialités gastronomiques**

Fromages de chèvre (crottin, saint-maur), vins de Touraine, escargots, tarte Tatin (tarte aux pommes caramélisées).

■ **Activités économiques**

Agriculture, industrie du caoutchouc, informatique, armement, aérospatiale, automobile, cosmétologie (Dior, Guerlain...), activités portuaires et constructions navales (le port de Saint-Nazaire).

1 Regardez la carte au début du livre. Situez le Centre et les Pays de la Loire.

2 Dans quels départements sont situées les capitales de ces régions ?

3 Associez le Centre et les Pays de la Loire à trois mots et dites pourquoi.

4 Quels types de tourisme trouve-t-on dans ces régions ?

5 Dans cet extrait de *Gargantua*, quel genre de moine* est le moine de Rabelais ?

« Jamais homme noble ne hait le bon vin, c'est un précepte monacal. »

Rabelais, *Gargantua*, chapitre XXVII.

6 Regardez les photos : quelles sont les caractéristiques des châteaux Renaissance ?

Le château de Chambord.

Le château de Chenonceaux.

ÎLE-DE-FRANCE

Une ville nouvelle.

L'Île-de-France est la région située autour de **Paris**. Les trois départements qui entourent la capitale (les Hauts-de-Seine, la Seine-Saint-Denis, le Val-de-Marne) forment la « **petite couronne** » ; les autres (l'Essonne, les Yvelines, le Val-d'Oise, la Seine-et-Marne), la « **grande couronne** ».

• Une place centrale en France

Malgré la **décentralisation***, l'Île-de-France occupe une place centrale administrativement, démographiquement, économiquement et politiquement. C'est la région la plus peuplée de France (environ 12 millions d'habitants). C'est aussi la région qui compte le plus d'entreprises, de banques et d'administrations, et c'est le lieu où un grand nombre de décisions politiques sont prises.

• La région qui offre le choix culturel le plus large

C'est la première destination touristique du monde (28 millions de visiteurs par an). On trouve dans la région les monuments du « Paris historique » et les nouvelles réalisations parisiennes, comme la Bibliothèque nationale de France, les nouveaux jardins comme le parc Citroën, de nombreux théâtres, des salles de concerts ou de cinéma, des musées. À cela s'ajoutent les parcs de loisirs (parc Astérix*, Disneyland), les maisons de la Culture (Bobigny), les grands châteaux et parcs (Versailles, Vaux-le-Vicomte, Sceaux), et les forêts des environs de la capitale (Fontainebleau, Rambouillet). Pour les **Franciliens***, qui apprécient sa richesse, la région présente aussi les difficultés des grandes agglomérations : pour certains **banlieusards***, l'Île-de-France est synonyme de grandes cités bétonnées, de longs trajets quotidiens, d'une circulation automobile difficile et d'une pollution importante.

Le musée du Quai-Branly, un musée où dialoguent les cultures.

À visiter, à voir

- **Saint-Germain-en-Laye,** pour la ville, le château et la forêt.
- **La Vallée-aux-Loups**, résidence de René de Chateaubriand.
- **Les bords de Marne** et ses guinguettes* pour danser et déjeuner.

■ **Personnages célèbres**

Claude Debussy, musicien, naît à Saint-Germain-en-Laye en 1862.
Les peintres impressionnistes (Pissarro, Monet, Manet, Sisley, Renoir, etc.) ont habité et peint les bords de Seine.
Robert Doisneau, photographe, naît à Gentilly en 1912.
Et puis, les Parisiens d'adoption, venus du monde entier, qui sont célèbres dans tous les domaines.

■ **Spécialités gastronomiques**

La cuisine du monde entier (cuisine française traditionnelle, chinoise, indienne, italienne, arabe, etc.) sans oublier la cuisine végétarienne.

1 Regardez la carte au début du livre. Situez la région Île-de-France.

_____

2 Associez l'Île-de-France à trois mots et dites pourquoi.

_____

_____

3 Selon vous, où y a-t-il a le plus d'habitants en Île-de-France : dans la ville de Paris (Paris intra-muros) ou en banlieue ?

_____

4 À votre avis, quels sont les avantages et les inconvénients d'habiter en l'Île-de-France ?

Avantages	Inconvénients

5 Pourquoi l'Île-de-France occupe-t-elle une position centrale en France ?

	V	F
À cause de sa position géographique.		
Pour des raisons historiques.		
Parce que la capitale, Paris, y est située.		
Parce que la France n'est pas vraiment décentralisée.		
Pour la qualité de l'environnement.		

PARIS

105 km², 2,2 millions d'habitants : Paris n'est pas une **capitale** gigantesque. On peut la parcourir à pied. La ville garde des traces de son histoire. Les rois, et après eux les présidents de la République, ont laissé leurs marques dans l'architecture et l'urbanisme.

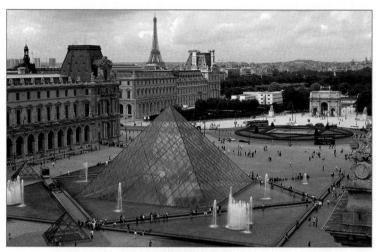

La Pyramide du Louvre.

• Le Paris historique

Des siècles passés, il reste des bâtiments qui abritent des **administrations**, des **musées**, des **universités**, des **salles de spectacles** (Palais de justice, musée du Louvre, musée d'Orsay, Sorbonne, palais-Garnier). Il reste aussi des **places** prestigieuses ou charmantes (place Vendôme, place de la Concorde, place des Vosges), de grandes **avenues** (les Champs-Élysées, les Grands Boulevards), des **parcs** et **jardins** (bois de Vincennes et de Boulogne, jardin des Tuileries, du Luxembourg, des Buttes-Chaumont), des **églises** (Notre-Dame, Sacré-Cœur de Montmartre), des **curiosités** (la tour Eiffel).

• Paris a changé

En vingt-cinq ans, de **nouveaux bâtiments** ont été construits ou rénovés : le centre d'art moderne Pompidou, le Palais omnisports* de Bercy, le Grand Louvre et sa pyramide, le parc de la Villette, le musée du Quai-Branly, la Bibliothèque nationale (la BNF), la Grande Arche de la Défense, l'Opéra de la Bastille. Autre changement : Paris est **moins peuplé** (à cause du prix des appartements et de la perte des emplois industriels), mais les **banlieues proches**, bien reliées par les transports en commun, font presque partie de la ville.

• Quartiers de Paris

Les vingt **arrondissements*** ne se ressemblent pas. Le Nord et l'Est, encore populaires et souvent multiculturels, sont différents des « beaux quartiers » traditionnels de l'Ouest et des quartiers du centre historique. Mais, partout, Paris est la ville des **cafés**.

Paris-Plages, bord de Seine en été.

1   Associez Paris à trois mots et dites pourquoi.

2   Situez, sur le plan, les monuments d'hier et les monuments d'aujourd'hui. Que remarquez-vous ?

Les vingt arrondissements de Paris

Notre-Dame : 1er
Tour Eiffel : 7^e
BNF : 12^e
Palais de Chaillot : 16^e
Musée du Louvre : 1er
Musée d'Orsay : 7^e
Palais omnisports de Bercy : 12^e
Parc de La Villette : 19^e
Opéra de la Bastille : 12^e
Palais Garnier : 9^e
Le Sacré-Cœur : 18^e

L'escargot des arrondissements parisiens.

3   Observez la photo en bas de la page 26. Vous paraît-elle étonnante ? Pourquoi ?

4   Certaines stations du métro parisien portent le nom de personnages :

Voltaire	Alexandre Dumas	Gambetta	Émile Zola
Charles de Gaulle	Victor Hugo	Robespierre	Franklin Roosevelt

Y a-t-il parmi eux des peintres ? Des écrivains ? Des hommes politiques ? Des femmes politiques ?
Des militaires ? Des musiciens ?

5   Chez vous, les rues de la capitale portent-elles des noms de peintres, d'écrivains, d'hommes
politiques, de femmes politiques, de militaires, de musiciens ? Quelle conclusion en tirez-vous ?

AUVERGNE ET LIMOUSIN

Ces deux régions se situent dans le Massif central, territoire très dépeuplé, surtout à cause d'un climat rude et d'un réseau de communication longtemps peu développé. En ce qui concerne le paysage, ce sont des régions très vertes et très riches en eau, grâce aux nombreuses sources et à l'humidité du climat. L'Auvergne est la terre des **volcans** (aujourd'hui éteints), des **lacs** et des **sources thermales** (Vichy, Mont-Dore), alors que le Limousin présente des **plateaux** couverts de **prairies** et de **forêts**. La capitale régionale de l'Auvergne est **Clermont-Ferrand** (environ 140 000 habitants), important **centre industriel** et **ouvrier** depuis le XIXᵉ siècle (les usines Michelin s'y installent en 1881). La capitale régionale du Limousin est **Limoges** (environ 135 000 habitants), connue pour sa **porcelaine** et son **émail**.

À visiter, à voir

• **Le parc naturel* régional des volcans d'Auvergne** : c'est le plus grand parc de France (395 000 hectares et 153 communes*). Créé en 1977, il présente un territoire intact façonné par les éruptions volcaniques et les glaciers.

• **Le Musée national de la porcelaine à Limoges** : dans un décor de fin de siècle, on y découvre une collection de plus de 12 000 pièces céramiques de toutes origines et de toutes époques.

Le viaduc de Millau, construit en 2001, relie Clermont-Ferrand à Béziers.

■ **Personnages célèbres**

Blaise Pascal, savant, penseur et écrivain, naît à Clermont-Ferrand en 1623.
Auguste Renoir, fameux peintre, naît à Limoges en 1841.
Les frères Michelin, à la fin du XIXᵉ siècle, inventent à Clermont-Ferrand le premier pneu démontable pour vélo.

■ **Spécialités gastronomiques**

Fromages de vache (la fourme d'Ambert, le bleu d'Auvergne, le cantal, le saint-nectaire), petit salé aux lentilles, potée auvergnate (plats d'hiver).

■ **Activités économiques**

Industrie agroalimentaire, élevage laitier, industrie du caoutchouc et du plastique, coutellerie, tourisme, tabac, porcelaine et émail.

1 Regardez la carte au début du livre. Situez l'Auvergne et le Limousin.

2 Dans quels départements sont situées les capitales de ces régions ?

3 Associez ces régions à trois mots et dites pourquoi.

4 Regardez la carte de la page 1. Pourquoi, à votre avis, la construction d'un réseau de communication a-t-elle été difficile dans ces régions ?

5 L'Auvergne est connue pour ses sources thermales. Lisez l'encadré ci-contre. Cette thérapie est-elle pratiquée chez vous ?

TOURISME THERMAL

Il s'agit d'utiliser les eaux de source pour soigner et guérir différentes maladies (maladies de la peau, maladies respiratoires, maladies digestives…).

6 Que pensez-vous de ce type de thérapie ?

RHÔNE-ALPES

Paysage des Alpes.

Cette vaste région aux paysages variés (hautes montagnes dans les Alpes, large vallée autour des fleuves Saône et Rhône, montagnes douces dans le Massif central) compte une **agglomération*** importante, celle de **Lyon** (environ 1 700 000 habitants), et plusieurs villes moyennes : Grenoble, Saint-Étienne, Annecy, Chambéry.

Placée géographiquement entre le Nord et le Sud de l'Europe, Rhône-Alpes est la **deuxième région économique** de France, grâce à une économie diversifiée et un bon réseau de communication. L'ouest de la région (le département de la Loire) connaît cependant des difficultés économiques, avec la crise de l'industrie traditionnelle.

À visiter, à voir

- **Le théâtre romain de Lyon :** construit dans l'antiquité romaine, sur la colline de Fourvière, ce théâtre est particulièrement bien conservé.
- **Le vieux Lyon**, avec ses maisons gothiques et de la Renaissance.
- **La fête des Lumières :** le 8 décembre, Lyon est « ville-lumière » pour rappeler le jour où la ville a été sauvée de la peste (plus d'un million de personnes dans la rue chaque année).
- **Annecy,** que les Savoyards comparent à Venise à cause de ses canaux, est située au bord du lac le plus propre d'Europe.
- **Le mont Blanc,** sommet le plus élevé d'Europe (4 810 m).

■ **Quelques personnages célèbres**

Stendhal, écrivain né à Grenoble en 1783, qui n'aimait pas sa ville.
Guignol, marionnette créée à Lyon au XIXe siècle, est connue de tous les enfants.
Saint-Exupéry, aviateur et écrivain, auteur du *Petit Prince,* naît à Lyon en 1900.

■ **Spécialités gastronomiques**

Beaucoup de grands restaurants réputés. Et puis… le saucisson à la lyonnaise, les vins blancs de Savoie, la fondue savoyarde (fromages fondus mangés avec des pommes de terre et de la charcuterie), le reblochon et la tomme de Savoie (fromages de vache).

■ **Activités économiques**

Commerce et échanges bancaires (Lyon), industrie (textile et chimique autour de Lyon, informatique et électronique à Grenoble), agriculture (culture de fruits et légumes dans la plaine, élevage bovin en montagne), tourisme (sports d'hiver et séjours d'été en montagne, dans les stations de Savoie et de Haute-Savoie).

1 Regardez la carte au début du livre. Situez la région Rhône-Alpes.

2 Dans quels départements sont situées la capitale et les autres villes moyennes de cette région ?

3 Associez Rhône-Alpes à trois mots et dites pourquoi.

4 À votre avis, pourquoi la région Rhône-Alpes est-elle touristique ?

5 L'État français décide de créer un timbre en l'honneur de Saint-Exupéry. Que vous attendez-vous à voir sur ce timbre ?

6 En utilisant les informations données page 30, présentez cette région à un ami.

PACA ET CORSE

> « J'aime les pays où l'on a besoin d'ombre ».
>
> Stendhal

• PACA

La région Provence-Alpes-Côte d'Azur (PACA) évoque le soleil, la mer et l'accent du midi. La région vit surtout de **l'industrie touristique**, mais présente des aspects contrastés. Sur La **Côte d'Azur**, à l'est, se trouvent les **stations balnéaires*** (Saint-Tropez, Cannes, Antibes, Nice), mais aussi des activités de haute technologie (technopole de Sophia-Antipolis). À l'intérieur, la beauté des vieilles villes (Aix, Avignon, Arles) et des villages, les couleurs et les odeurs de la Provence attirent l'été de nombreux touristes. À l'ouest, autour de **Marseille**, capitale régionale (1 600 000 habitants environ) et premier port français, une activité industrielle s'est développée. Située au bord de la **Méditerranée**, cette terre est aussi une terre d'immigration où richesse et pauvreté coexistent.

• La Corse

L'île de Beauté se caractérise par la variété de ses côtes (plus de 1 000 kilomètres) et la présence de la montagne. Grâce à la beauté des paysages et à la douceur du climat, elle bénéficie du **tourisme** mais connaît, dans les autres secteurs économiques, des difficultés. L'intérieur du pays souffre de l'**exode rural***. L'**identité culturelle** est forte et s'exprime en particulier par l'usage de la **langue corse**. La capitale régionale est **Ajaccio** (environ 63 000 habitants).

À visiter, à voir

- Le festival de théâtre **d'Avignon**, en juillet, dans cette cité, autrefois **cité des papes**.
- Le village des **Baux-de-Provence** pour la couleur de ses pierres.
- **La Camargue,** domaine des chevaux, des taureaux et des flamants roses.
- **La Restonica**, vallée sauvage de la Corse intérieure, aux eaux claires, fréquentée par les randonneurs.
- **La citadelle génoise de Calvi** qui domine la mer.

En Corse, la montagne tombe dans la mer.

■ **Quelques personnages célèbres**

Napoléon 1er naît à Ajaccio en 1769.
Jean Giono, écrivain, naît à Manosque en 1895.
Marcel Pagnol, écrivain, naît à Aubagne en 1895.
Les peintres **Paul Cézanne, Vincent Van Gogh, Pablo Picasso, Henri Matisse** ont peint la Provence.
Zinedine Zidane, footballeur, naît à Marseille en 1972.

■ **Spécialités gastronomiques**

La bouillabaisse marseillaise (plat de poissons), la ratatouille niçoise, le broccio (fromage corse, de chèvre ou de brebis) l'huile d'olive, la farine de châtaigne.

■ **Activités économiques**

Activité portuaire, tourisme balnéaire, tourisme vert, industrie agroalimentaire, cultures maraîchères, culture d'oliviers, un peu de vignoble.

1 Regardez la carte au début du livre. Situez la PACA et la Corse.

_____

2 Dans quels départements sont situées les capitales de ces régions ?

_____

3 Associez ces régions à trois mots et dites pourquoi.

_____
_____
_____

4 Dans le tableau de Cézanne ci-contre, quels sont les éléments caractéristiques de la Provence ?

_____
_____

Cézanne, L'Estaque, vue sur le golfe *(1883-1885).*

5 Y a-t-il dans votre pays des régions qui, comme la Corse, affirment leur forte identité culturelle ? Si oui, quelles sont les caractéristiques de ces régions ?

_____
_____

LE LANGUEDOC-ROUSSILLON

• La langue d'oc

La langue française n'a pas toujours été homogène. Dans la France du Nord, on parlait la langue d'*oïl** et dans la France du Sud, la langue d'*oc** (un petit mot qui est devenu « oui »). C'est l'origine du nom « Languedoc », qui désigne maintenant une région.

• La région

Le Languedoc-Roussillon est tourné au sud vers la mer Méditerranée (on y compte 40 plages), mais ce n'est pas seulement une région maritime. Parmi les cinq départements de la région, trois sont situés au bord de la mer. On trouve des **montagnes** au nord (dans le Massif central) et au sud-ouest (dans les Pyrénées) ; ailleurs, des **plateaux** secs, des **collines**, des **coteaux** avec des vignes, une basse **plaine** bordée de sable. C'est donc une région diversifiée géographiquement et économiquement. Le Languedoc oriental est plus dynamique que le Languedoc occidental : c'est à l'est que se trouvent les villes les plus importantes (Nîmes, et surtout **Montpellier**, capitale régionale de 253 000 habitants environ), les quelques industries, les centres touristiques. Depuis quarante ans, la population de Montpellier a doublé. Cette ville universitaire est aussi un **pôle technologique**.

Le quartier Antigone de Ricardo Bofill à Montpellier.

À visiter, à voir

• **Le parc national des Cévennes**, créé en 1970.

• **Nîmes,** pour ses arènes romaines.

• **Montpellier,** pour l'ensemble de la ville et l'architecture des nouveaux quartiers.

■ **Personnages célèbres**

Alphonse Daudet, auteur du livre *Les lettres de mon moulin*, naît à Nîmes en 1840.
Les Camisards*, protestants qui luttent au début du XVIIIe siècle contre les armées de Louis XIV.
Georges Brassens, chanteur né en 1921 à Cette (devenue Sète) et mort en 1981, a profondément marqué la chanson française.

■ **Activités économiques**

Polyculture et élevage dans l'arrière-pays, vignoble, culture maraîchère dans la basse plaine, tourisme, industrie textile (Nîmes), services, techniques de l'information, électronique, biotechniques, laboratoires pharmaceutiques à Montpellier.

■ **Spécialités gastronomiques**

Le pélardon (fromage de chèvre sec), la châtaigne, les vins du Minervois et des Corbières.

1 Regardez la carte au début du livre. Situez le Languedoc-Roussillon.

_____

2 Dans quel département est située la capitale de cette région ?

_____

3 Associez cette région à trois mots et dites pourquoi.

_____

_____

4 Connaissez-vous, en France, d'autre villes que Nîmes qui gardent des traces de l'antiquité romaine ?

_____

5 On prévoit qu'en 2015 Montpellier comptera 600 000 habitants. À votre avis, pourquoi cette ville attire-t-elle de nouveaux habitants ?

_____

_____

6 Vous souhaitez être étudiant *Erasmus**
à Montpellier. Il y a beaucoup de candidats pour
étudier dans cette ville. Pour être sélectionné,
on vous demande de justifier votre choix. Rédigez
une lettre.

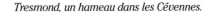

Tresmond, un hameau dans les Cévennes.

_____

_____

_____

_____

_____

POITOU-CHARENTES ET AQUITAINE

Ces deux régions se caractérisent par la douceur des **températures**, un **ensoleillement** important sur le littoral et l'abondance des **pluies** au printemps.

• Le Poitou-Charentes

C'est une région de **plateaux** (au nord), de **plaines** (au sud) et de **marais** (du nord au sud), située sur la façade atlantique. Une grande partie de ses activités sont orientées vers la mer. La capitale régionale est **Poitiers** (environ 91 000 habitants).

• L'Aquitaine

Le nom de cette région vient du latin « pays des eaux ». Situé entre le Massif central et les Pyrénées, le Bassin aquitain s'ouvre sur le golfe de Gascogne. L'Aquitaine est connue pour la qualité de son **vignoble**, dont le plus apprécié est le bordelais, et pour son **industrie aérospatiale** (Ariane*). La capitale régionale est **Bordeaux** (environ 235 000 habitants), un port historique classé en partie au patrimoine mondial de l'Unesco.

Le marais poitevin.

À visiter, à voir

• **Le marais poitevin** est un parc naturel* mi-terrien et mi-aquatique, entre la campagne et l'océan. On peut le visiter en barque.

• **Le Futuroscope de Poitiers** est le « parc européen de l'image et de la communication », inauguré en 1987. Il s'agit d'un parc scientifique et technologique dont les attractions (les galaxies, les océans, les voyages lointains, le cybermonde…) se renouvellent continuellement.

• **Biarritz :** c'est grâce à l'impératrice Eugénie (femme de Napoléon III) que cette ville est devenue célèbre. Elle est connue pour ses plages – appréciées des surfeurs –, mais aussi pour ses jardins-promenades fleuris d'hortensias.

Le Futuroscope.

■ **Personnages célèbres**

Michel de Montaigne naît en Dordogne en 1533.
Michel Foucault naît à Poitiers en 1926.
Sempé, né en 1932 à Bordeaux, dessinateur.

■ **Un événement historique**

La bataille de Poitiers* en 732.

■ **Spécialités gastronomiques**

Vins de Bordeaux, pineau des Charentes (liqueur), cognac, bœuf charentais, beurre, confit* et magret de canard, foie d'oie, armagnac.

■ **Activités économiques**

Industrie agroalimentaire, aérospatiale et électrotechnique, industrie du papier, de l'ameublement, du bois, ostréiculture, tourisme (La Rochelle, îles de Ré et d'Oléron, Royan, chemin de Saint-Jacques-de-Compostelle…).

1 Regardez la carte au début du livre. Situez le Poitou-Charentes et l'Aquitaine.

2 Dans quels départements sont situées les capitales de ces régions ?

3 Associez ces régions à trois mots et dites pourquoi.

4 Comment peut-on expliquer les différents types de tourisme dans ces deux régions ?

5 Connaissez-vous d'autres vins français que le vin de Bordeaux ?

6 Quel intérêt trouvez-vous à un parc scientifique et technologique comme le Futuroscope ?

MIDI-PYRÉNÉES

Toulouse, la « Ville rose » traversée par la Garonne.

Cette région se caractérise par ses **contrastes**. L'océan Atlantique à l'ouest et la mer Méditerranée à l'est, les hauts sommets pyrénéens au sud et les pentes du Massif central au nord y délimitent une région aux climats très variés. Sa population ne cesse d'augmenter depuis la Seconde Guerre mondiale. Ce phénomène tient à la fois au **dynamisme économique** de la région et au fait que, malgré les départs d'une partie de la population vers d'autres régions, Midi-Pyrénées attire beaucoup d'habitants pour sa **qualité de vie**. Midi-Pyrénées est ainsi une des régions les plus visitées de France. Elle est aussi le premier pôle national de recherche en microbiologie et un important centre d'industrie aéronautique – avec à la présence d'Airbus*. La capitale régionale est **Toulouse** (environ 410 000 habitants), appelée « Ville rose » pour la couleur de ses édifices.

À visiter, à voir

- **Cahors** avec ses vieilles maisons typiques, ses églises anciennes et le pont Valentré, construit au XIVᵉ siècle.

- **Le canal* du Midi** est une voie navigable qui relie la Garonne à la Méditerranée. Construit entre 1666 et 1681, il devient le symbole de la puissance de la France du Roi-Soleil. Il est classé sur la liste du patrimoine mondial de l'Unesco*.

- **Albi,** appelée la « Ville rouge » pour la couleur de ses briques, est connue pour ses nombreux monuments et pour le musée Toulouse-Lautrec.

■ **Personnages célèbres**

Jean Jaurès, homme politique, naît à Castres en 1859.
Toulouse-Lautrec, peintre, naît à Albi en 1864.
Claude Nougaro, chanteur toulousain, naît en 1929.

■ **Spécialités gastronomiques**

Le roquefort, le foie gras, le cassoulet (plat à base de haricots blancs, de confit* d'oie et de viande), la piperade (plat à base de poivrons et de tomates).

■ **Activités économiques**

Chimie, biotechnologie, industrie aérospatiale et aéronautique, industrie agroalimentaire, tourisme.

1 Regardez la carte au début du livre. Situez Midi-Pyrénées.

_____

2 Dans quel département est située la capitale de cette région ?

_____

3 Associez cette région à trois mots et dites pourquoi.

_____

_____

L'airbus A380, le plus grand avion commercial du monde, est assemblé à Toulouse.

4 Le chanteur Claude Nougaro évoque la ville par ses couleurs. Quelles sont les couleurs caractéristiques de votre ville ?

*Qu'il est loin mon pays, qu'il est loin
Parfois au fond de moi se raniment
L'eau verte du canal du Midi
Et la brique rouge des Minimes[1]
Ô mon païs, ô Toulouse*

          Claude Nougaro, *Toulouse.*
1. *Les Minimes* : quartier de Toulouse.

_____

_____

_____

_____

_____

5 À votre avis, peut-on parler de décentralisation* pour la région Midi-Pyrénées ? Pourquoi ?

_____

_____

6 Vous décidez de visiter la région Midi-Pyrénées. Que choisissez-vous : la mer ou la montagne ? Dites pourquoi.

_____

LES DOM

Guadeloupe et Martinique, Guyane et Réunion, Saint-Pierre-et-Miquelon : situées hors de l'Hexagone, ce sont les régions françaises **d'outre-mer***. Les lois françaises s'y appliquent mais elles peuvent être **adaptées** pour tenir compte des circonstances locales. Les régions d'outre-mer sont à la fois **région** et **département**. Soleil, rhum, cocotiers pour les Antilles, grand froid et pêche pour Saint-Pierre-et-Miquelon : des images caractérisent ces îles mais ne suffisent pas à les décrire.

• La Guadeloupe

Située dans les Petites Antilles, cette **région tropicale** (405 000 habitants environ) est formée de deux îles principales : Grande-Terre et Basse-Terre. Sur Basse-Terre, les volcans (**la Soufrière** est le plus important) sont en activité. Grande-Terre est formée par des plateaux peu élevés. La capitale, située sur Grande-Terre, est **Pointe-à-Pitre**. Pays de **métissage**, la Guadeloupe est marquée par son histoire : à partir du XVIIe siècle, des **esclaves noirs** sont amenés par les **colons blancs** pour cultiver la canne à sucre ou le café. Quand on a supprimé l'esclavage, de nombreux **Indiens** sont venus y travailler et certains sont restés en Guadeloupe. Actuellement, l'économie traditionnelle connaît des difficultés, malgré le tourisme.

• La Martinique

C'est une autre île volcanique des Petites Antilles (400 000 habitants environ) qui a pour capitale **Fort-de-France**. Cette île est, elle aussi, marquée par l'histoire coloniale. L'agriculture occupe maintenant une place réduite. En raison des difficultés économiques, l'émigration des Martiniquais vers la métropole est importante. Comme en Guadeloupe, la question du statut politique de l'île est régulièrement posée : l'île doit-elle rester **française**, être **autonome***, ou devenir **indépendante** ?

Sortie de classe aux Antilles.

■ **Activités économiques**

Tourisme (en baisse), bananes, canne à sucre, fruits tropicaux, peu d'industrie.

■ **Spécialités gastronomiques**

Rhum, accras (beignets pimentés), colombo (plat de viande pimenté).

■ **Personnages célèbres**

Aimé Césaire, né à la Martinique en 1913, mort en 2008. Poète et homme politique, il a été maire de Fort-de-France pendant cinquante ans.
Édouard Glissant, poète de la négritude*, naît en Martinique en 1928.

1 Regardez la carte à la fin du livre. Situez la Guadeloupe et la Martinique.

_____

2 Associez ces régions à trois mots et dites pourquoi.

_____

_____

Édouard Glissant.

3 Vrai ou faux ? Les colons sont :

	V	F
les héritiers de Christophe Colomb		
ceux qui travaillent les champs		
ceux qui ont quitté leurs pays pour exploiter une terre ou faire du commerce		
les chefs politiques des colonies		
les descendants des immigrés installés dans le pays		
les habitants des colonies		

4 Qu'est-ce que le métissage pour vous ?

_____

_____

5 Comment se pose la question du statut politique des Antilles ?

_____

_____

6 La photo page 40 correspond-elle à l'idée que vous avez de ces régions ?

_____

_____

• La Guyane française

Cette région est située dans le nord de l'Amérique du Sud. Sa capitale est **Cayenne**. Faiblement peuplée (200 000 habitants environ), la Guyane est encore largement recouverte par la forêt. Comme toutes les régions équatoriales, elle a un climat chaud et pluvieux. Pendant longtemps, la Guyane a été connue pour le **bagne*** de Cayenne, où étaient emprisonnés des **forçats**. Le bagne a été supprimé en 1947. La Guyane est maintenant célèbre pour son **centre spatial de lancement de fusées** créé à Kourou en 1968. C'est de là qu'est lancée la fusée européenne **Ariane**.

• La Réunion

Dans l'océan Indien, à l'est de Madagascar, la Réunion est une île volcanique, aux paysages montagneux spectaculaires. À la veille de la Révolution française, la population était composée d'une majorité d'esclaves noirs et indiens, amenés pour cultiver le café, et de colons blancs. Après l'abolition de l'esclavage en 1848, l'île a connu une **immigration indienne et chinoise**. La population est maintenant assez **métissée**. Région **surpeuplée** (800 000 habitants environ) et sous-industrialisée, la Réunion dépend largement de l'aide financière de la métropole. Sa capitale est **Saint-Denis**.

Lancement d'Ariane à Kourou.

• Saint-Pierre-et-Miquelon

Habitée depuis le XVIIᵉ siècle seulement, cette région peu peuplée (6 500 habitants environ) est un ensemble d'îles. Située près de la côte de Terre-Neuve au Canada, Saint-Pierre-et-Miquelon a un **climat froid** et **humide**. La **pêche**, qui constitue sa principale ressource, est aujourd'hui en déclin, et certains habitants émigrent vers le Canada.

■ **Activités économiques**

Réunion : tourisme, pêche, canne à sucre.
Saint-Pierre-et-Miquelon : pêche, un peu de tourisme.
Guyane : un peu d'agriculture (bananes, manioc), centre spatial (Kourou).

■ **Spécialités gastronomiques**

Réunion : samoussa (beignet mangé en entrée), cari – ou curry – d'agneau (plat de viande préparé avec des épices).
Saint-Pierre-et-Miquelon : morue, coquilles saint-jacques.

■ **Et la langue ?**

Dans les régions des Antilles et de l'océan Indien, on parle le français et différents créoles*. Les créoles, à l'origine langues uniquement orales, ont produit une riche littérature.

1 Regardez la carte à la fin du livre. Situez la Guyane, la Réunion et Saint-Pierre-et-Miquelon.

_____

_____

2 Associez ces régions à trois mots et dites pourquoi.

_____

_____

3 Les régions d'outre-mer décrites pages 40 et 42 se ressemblent-elles en ce qui concerne la population, la géographie, l'économie, l'histoire, la langue…

Ressemblances	Différences

4 Pourquoi, à votre avis, ces régions si éloignées de la métropole sont-elles des régions françaises ?

_____

_____

5 Y a-t-il dans votre pays des territoires nationaux éloignés de la métropole ? Si oui, quel est leur statut administratif ?

_____

_____

Saint-Pierre-et-Miquelon vit de la pêche.

1

LA FRANCE EN EUROPE

Depuis 2007, l'Europe élargie compte vingt-sept pays. L'**Union européenne**, qui est née après la Seconde Guerre mondiale, se construit lentement. Dans certains domaines (**monnaie unique***, systèmes d'éducation plus homogènes, libre circulation des citoyens européens de l'**espace de Schengen***, politique agricole commune), l'Europe est une réalité pour les Européens. Dans d'autres domaines (défense commune, Europe sociale et culturelle), elle reste à réaliser. La France est un des pays à l'origine du projet européen. Pour cette raison et aussi parce qu'elle est un pays économiquement assez prospère, elle occupe une place importante dans l'Europe actuelle. Le **Parlement européen*** a son siège à Strasbourg et **34 % des élèves** de l'enseignement secondaire en Europe étudient le français, une des vingt-trois langues officielles de l'Union.

EN FRANCE, COMME EN EUROPE ?

Par rapport à la moyenne des pays européens, les Français vivent en moyenne **plus longtemps**, ils ont **plus d'enfants**, ils **se marient moins** et ils **divorcent davantage**. Du point de vue économique, leur niveau de vie est **supérieur** à la moyenne des Européens. La France est un pays où les trois quarts des actifs travaillent dans le secteur des services*, où le **chômage** est à peu près égal à la moyenne européenne pour les hommes, et un peu supérieur pour les femmes. C'est enfin un pays où les citoyens ont plutôt confiance dans l'Europe, même s'ils ont rejeté en 2005 le projet de constitution européenne

Les sentiments des Français à l'égard de l'Europe (avril 2004)

Avez-vous le sentiment que l'on bénéficie en Europe de conditions bien meilleures, plutôt meilleures, plutôt moins bonnes ou bien moins bonnes que dans les autres grandes régions du monde ?

	Bien meilleures	Plutôt meilleures	ST **Meilleures**	Plutôt moins bonnes	Moins bonnes	**ST Moins bonnes**	Sans réponse
Les droits des femmes	37	53	90	6	1	7	3
La qualité des soins médicaux %	37	53	90	6	1	7	3
La protection sociale %	36	53	89	6	1	7	4
La qualité de la vie quotidienne %	22	67	89	7	0	7	4
Le respect des Droits de l'homme et des libertés individuelles	33	55	88	7	2	9	3
Le niveau de vie %	19	66	85	10	1	11	4
L'éducation des enfants %	24	57	81	12	2	14	5
L'importance accordée à l'art et à la culture	23	57	80	10	1	11	9
La protection de l'environnement %	15	58	73	19	2	21	6
La possibilité de trouver un emploi	10	41	51	34	4	38	11

Enquête TNS Sofres

L'euro est considéré comme le premier symbole de l'Europe.

ACTIVITÉS

1   Connaissez-vous certains des pays qui font partie de l'Union européenne ?

_____

_____

2   Comparez les informations du tableau ci-dessous et celles du texte. Que remarquez-vous ?

	2008 Moyenne en France	2008 Moyenne en Europe
Taux de natalité	12,9 ‰	10,9 ‰
Taux de mortalité infantile	3,6 ‰	4,5 ‰
Espérance de vie des femmes	84,4 ans	82 ans
Espérance de vie des hommes	77,5 ans	77 ans
Taux de chômage	9,3 %	8,9 %

_____

_____

_____

3   Peut-on librement circuler dans les pays de l'Union européenne ?

_____

_____

_____

4   Dans tous les pays de la zone euro, les pièces euro sont identiques côté pile et différentes côté face. Pourquoi à votre avis ?

_____

_____

_____

5   Que pensez-vous du projet d'une Europe unie ?

_____

_____

_____

_____

LES FRANÇAIS EN EUROPE, LES EUROPÉENS EN FRANCE

Les Français qui vivent quelques années à l'**étranger** s'installent sur tous les continents et, bien sûr, en Europe, pour y travailler ou y étudier. Inversement, 1 786 000 Européens vivent aujourd'hui en France : parmi eux, environ 800 000 Portugais, 350 000 Italiens, et 250 000 Européens venus de l'est de l'Europe.

• Les échanges étudiants

Depuis 1987, il existe un programme de mobilité des étudiants européens, mis en place pour favoriser l'apprentissage des langues européennes, faciliter la mobilité et l'innovation et aider à former des citoyens européens. Ce programme nommé **Erasmus***, en hommage à l'humaniste voyageur hollandais du XVIᵉ siècle, connaît un grand succès. Il s'inscrit dans le programme général européen d'éducation. Plus d'un **million d'étudiants européens** ont quitté leur université pour étudier dans une autre université européenne : parmi eux, environ **230 000 Français**. Les échanges concernent maintenant **31 pays** européens ou des pays associés. Les études suivies dans une université étrangère sont reconnues dans l'université d'origine de l'étudiant. Par exemple, Il est possible aujourd'hui de commencer un diplôme en France, de le continuer en Grèce et de le terminer en Allemagne. La **bourse*** accordée aux étudiants Erasmus est actuellement d'environ 360 euros par mois.

■ **1,5 million de Français environ vivent hors de France**

76 % de la population française à l'étranger est concentrée dans 20 pays dont 8 en Europe occidentale. On compte :

143 000 Français en Suisse	110 000 Français en Allemagne
127 000 Français au Moyen-Orient	90 000 Français en Amérique latine ou centrale
115 000 Français aux États-Unis	86 000 Français en Espagne
112 000 Français en Grande-Bretagne	17 000 Français en Chine

D'après le rapport de la Direction des Français à l'étranger, 2007.
http://www.assemblee-afe.fr/IMG/File/00 AFE%20BD.pdf

Le film de Cédric Klapisch L'Auberge espagnole *(2002) décrit la cohabitation, à Barcelone, d'étudiants Erasmus.*

1 Observez le tableau page 46. Les Français qui vivent hors de France choisissent-ils, en général, de vivre en Europe ?

_____

_____

2 La France compte environ 65 millions de Français. Sont-ils nombreux à vivre dans les autres pays européens ?

_____

3 Comparez ce pourcentage avec le nombre de citoyens de votre pays partis vivre à l'étranger.

_____

4 Quels sont les objectifs du programme de mobilité des étudiants européens ?

_____

_____

5 Témoignages

Daniele, italien

L'esprit des échanges Erasmus ? C'est le fait de dire « pourquoi pas ? » à des nouvelles expériences. C'est ce qui nous fait vivre ailleurs sans avoir la sensation d'être étranger. J'ai fait une partie de mes études en France. Dix ans après, les souvenirs de France sont en moi : la concierge de la résidence universitaire, les vignerons du Beaujolais…

Karine, française

J'ai rencontré mon mari, un Suédois, en Suède, pendant mes études. Nos deux filles sont élevées dans les deux langues, j'ai appris le suédois, mon mari a appris le français.

Georgios, grec

Aujourd'hui, l'Europe est ma patrie. Je n'ai plus peur à l'idée d'aller n'importe où sur le continent.

Témoignages tirés du site europa.eu.int.

En lisant ces témoignages, avez-vous l'impression que les objectifs du programme Erasmus sont atteints ?

_____

_____

6 Dans l'affiche du film _L'Auberge espagnole_, quelle image le metteur en scène donne-t-il des étudiants Erasmus ?

_____

_____

_____

2 LES ÉCHANGES POLITIQUES

La France exerce depuis longtemps une influence au niveau international, même si cette influence est, de nos jours, moins importante que dans le passé. Il ne faut pas oublier qu'elle a été le premier pays à posséder un réseau d'**ambassadeurs** et que le français a été, jusqu'à la Première Guerre mondiale, la langue de la **diplomatie**.

LES PRINCIPES

Le premier principe qui guide la politique étrangère, sous l'impulsion du général de Gaulle, dans les années soixante, est celui d'**indépendance**. Ainsi, la France assure sa **défense** de façon autonome. Le second principe officiel est celui de la recherche de la **solidarité** avec les autres pays « afin de favoriser le progrès de la **paix**, de la **démocratie** et du **développement** ». La France est l'un des cinq membres permanents du Conseil de sécurité des Nations unies **(ONU)** depuis sa création en 1945. Le siège de l'**Unesco** (Organisation des Nations unies pour la science, la culture et l'éducation) est à Paris. Des écrivains, des hommes politiques, des citoyens défendent en France les **droits de l'homme** depuis le siècle des Lumières (XVIIIᵉ), et la Déclaration des droits de l'homme et du citoyen a été rédigée en 1789. Plus récemment, en 1948, c'est à Paris que la **Déclaration universelle des droits de l'homme*** a été adoptée.

La Déclaration des droits de l'homme et du citoyen.

LA COOPÉRATION

Les organismes institutionnels du pays jouent un rôle dans la **solidarité** avec les pays les moins avancés (surtout en Afrique), en partenariat avec les organisations non gouvernementales **(ONG*)**. La France contribue financièrement et techniquement au **développement** de ces pays (coopération technique internationale) et mène une **action humanitaire** pour secourir les populations civiles en situation d'urgence.

1 D'après le texte, quels sont les principes de la politique extérieure française ?

_____

_____

2 D'après le texte, comment comprenez-vous l'idée de solidarité ?

_____

3 Observez les logos ci-contre. Dans quel domaine ces organisations internationales exercent-elles leurs activités ? Connaissez-vous certaines de ces ONG ?

_____

_____

_____

4 Lisez l'encadré ci-contre.

Pourquoi peut-on parler d'un réseau de coopération culturel ?

_____

_____

_____

_____

> Depuis plus d'un siècle, la France a mis en place un réseau de coopération culturelle installé dans le monde entier. La France a, bien sûr, des ambassades, mais elle est aussi représentée par des Alliances françaises (présentes dans cent quarante pays), les instituts et les centres culturels (organismes officiels), des instituts de recherche spécialisés, des écoles (primaires et secondaires), ainsi que quelques universités. Tous ces organismes diffusent le français dans le monde et « aident au dialogue entre les cultures des autres pays et la culture française passée et actuelle ».

5 Pourquoi la France tient-elle autant à la diffusion du français à l'étranger ?

_____

_____

6 Dans votre pays, les principes officiels de la politique étrangère sont-ils différents de ceux de la France ?

_____

_____

3 LES ÉCHANGES ÉCONOMIQUES

La France est présente en Europe et dans le monde par ses produits et ses services. Elle est la **cinquième puissance économique** mondiale.

La France est à la fois un pays qui **importe** et qui **exporte**. Elle connaît actuellement un déséquilibre entre ses importations (plus nombreuses) et ses importations. Les produits que la France exporte le plus sont les **produits industriels** et **manufacturés** (en particulier les produits qui touchent au transport – TGV, automobile, bateaux et avions –, au matériel militaire, aux télécommunications...), et les **services** (banque, assurance, travaux publics, formation). Elle importe les mêmes types de produits, ainsi que des **matières premières** (gaz, pétrole en particulier). Les secteurs dans lesquels la France est compétitive sont :

• l'**agroalimentaire** (premier producteur européen et deuxième puissance mondiale) grâce à sa production diversifiée et à la création de grands groupes. Elle subit cependant, dans ce secteur, la concurrence des pays émergents*.

• le **tourisme**, qui est en hausse constante. La France conserve sa place de **première destination touristique mondiale**.

Le commerce extérieur de la France fin 2009
(en milliards d'euros)

Déficit 42,66

Importations 332,28   Exportations 289,62

Les principaux **partenaires commerciaux** de la France sont les pays de l'Union européenne – l'Allemagne, l'Italie, l'Espagne, la Belgique, le Royaume-Uni –, mais aussi les États-Unis et le Japon. La France a créé des **multinationales** dans différents domaines : Michelin (pneus) ; Danone (agroalimentaire) ; Renault (automobile) ; Accord (hôtellerie) ; Carrefour (grande distribution)... De plus, un certain nombre d'entreprises françaises se sont installées à l'étranger. Cela contribue à donner de la France une image internationale.

Rang	Pays	Entrées touristiques
1	France	81,7 millions
2	Espagne	60,3 millions
3	États-Unis	55,0 millions
4	Chine	54,7 millions
5	Italie	40,0 millions
	(Chiffres 2008 ; source : Wikipédia.)	

1 Pourquoi parle-t-on actuellement d'un déséquilibre dans le commerce extérieur de la France ?

_____

2 Vrai ou faux ?

	V	F
La France est la cinquième puissance européenne.		
La France est le premier producteur européen pour l'agroalimentaire.		
Le tourisme est en baisse constante.		
La France importe surtout des services.		
La France est la première destination touristique mondiale.		

3 Observez le graphique ci-dessous. Quel commentaire vous suggère-t-il ?

Le commerce extérieur de la France en 2009

Exportations — 62,2 % / 37,8 %
Importations — 59,4 % / 40,6 %

Vers l'Union européenne
Vers autres pays

_____
_____
_____
_____
_____
_____
_____
_____
_____

4 Chassez l'intrus :

Produit – service – plaisir – commerce

Importation – exportation – sorties – biens

Viande – crise – exportation – vente

Tourisme – baisse – hausse – destination

5 Quels sont les produits que votre pays exporte et importe le plus ?

_____
_____
_____
_____

4

LA FRANCOPHONIE

Léopold Sédar Senghor.
Poète et homme politique sénégalais.

Nicolas Bouvier.
Écrivain et voyageur suisse.

Tahar Ben Jelloun.
Écrivain et journaliste marocain.

LA FRANCOPHONIE, UN PRODUIT DE L'HISTOIRE

Par le mot « francophonie », le géographe Onésime Reclus désignait à la fin du XIXᵉ siècle, l'ensemble des personnes qui, hors de France, parlaient le français. À l'époque, il s'agissait le plus souvent des habitants des colonies ou des anciennes colonies françaises. Lorsque ces colonies sont devenues indépendantes, elles ont souhaité maintenir un lien politique et culturel avec la France, d'une part, et entre elles, d'autre part.

Léopold Sédar Senghor, écrivain attaché à la langue française et premier président du Sénégal, a été un des pères fondateurs des premières institutions politiques de la Francophonie, qui ont précédé l'actuelle l'**Organisation internationale de la Francophonie (OIF)**. Cet organisme, présidé depuis 2002 par Abdou Diouf, ancien président du Sénégal, donne la position des pays membres sur les grandes questions internationales

UN ENSEMBLE GÉOGRAPHIQUEMENT DISPERSÉ

Le français, à des degrés divers, est parlé sur les cinq continents. La Francophonie, au sens politique du terme, regroupe actuellement **70 pays** au sein de l'OIF : des pays développés, essentiellement situés en Europe et en Amérique du Nord et des pays moins développés situés en Amérique du Sud, en Afrique du Nord et Afrique noire, en Asie, notamment du Sud-Est, ainsi que des îles de l'océan Indien et d'Océanie. Il faut noter également que certains pays, dont une partie de la population est francophone, comme l'Algérie, ne sont pas membres de l'OIF.

Indépendamment de l'histoire coloniale qui explique la présence du français dans de nombreuses régions du monde, l'attrait de cette langue tient à son statut de langue internationale, parlée dans la plupart des institutions internationales importantes, et à son image de langue de culture.

1 Observez la carte située à la fin du livre.
Sur quels continents parle-t-on le plus français ?

_____

_____

_____

2 Dans quels pays voisins de la France parle-
t-on français ?

_____

_____

_____

Une classe francophone en Afrique noire (Congo).

3 La francophonie est-elle
une réalité nouvelle ?

_____

_____

_____

4 Il y a une différence entre la Francophonie et la francophonie. Laquelle ?

_____

_____

_____

5 Quel est le rôle de l'OIF ?

_____

_____

_____

6 Donnez quelques raisons d'apprendre le français aujourd'hui.

_____

_____

_____

QU'EST-CE QU'UN FRANCOPHONE ?

Il y a plusieurs manières d'être francophone. Si deux cents millions de francophones parlent le français, ils ne l'utilisent pas tous dans les mêmes contextes. Dans les pays francophones, le français peut être :

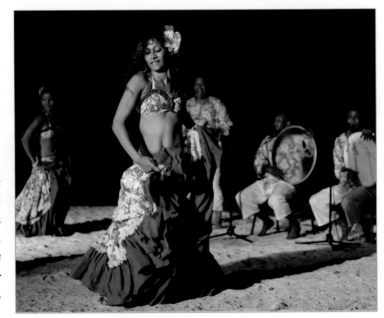

Danseuse de séga (île Maurice).

– la **langue maternelle** (c'est le cas de quelques pays seulement : la France et ses Dom-Tom, le Québec, la Suisse romande, la partie wallonne de la Belgique, Monaco) ;
– la **langue officielle** (comme c'est le cas, par exemple, au Sénégal, en Guyane, dans le Val d'Aoste) ;
– la **langue de l'administration** (comme au Congo) ;
– la **langue habituelle** dans les interactions sociales.

LA FRANCOPHONIE, POUR QUOI FAIRE ?

Les pays francophones sont divers et unis par une langue commune. Ils ont en général un **passé commun** avec la France mais déclarent aussi des **objectifs** communs **pour l'avenir** : développement de la démocratie, soutien aux **droits de l'homme**, dialogue des **cultures**, développement économique des différents États. Ils ont des liens de solidarité privilégiés entre eux à travers un organisme officiel principal (**Agence intergouvernementale de la Francophonie**), et des réseaux et organismes spécialisés qui dynamisent les liens culturels. L'**Agence universitaire de la Francophonie** (AUF) regroupe 693 institutions universitaires. La chaîne de télévision **TV5 Monde** est diffusée par câble et satellite dans 203 pays. L'**université Senghor** d'Alexandrie forme, au niveau du troisième cycle universitaire, des cadres francophones. Enfin, l'Association internationale des maires francophones (**AIMF**) réunit les maires de 115 grandes villes francophones. De grandes manifestations (Sommet de la Francophonie, Journée internationale de la Francophonie) sont organisées et beaucoup d'initiatives locales témoignent de la diversité culturelle francophone.

1 Pourquoi la population – ou une partie de la population – parle-t-elle français aujourd'hui dans les pays suivants ? (Aidez-vous de la carte située à la fin du livre.)

	Ancienne colonie française	Département ou territoire français d'outre-mer	Forte immigration française
Côte d'Ivoire			
Madagascar			
Belgique			
Liban			
Québec			
La Réunion			
Israël			

2 Qu'est-ce que les pays francophones ont en commun ?

_____

_____

_____

_____

3 Dans votre pays, dans quels contextes le français est-il parlé ?

_____

_____

_____

4 Quel intérêt pour la francophonie présente une chaîne de télévision comme TV5 Monde ? Consultez si possible le site http://www.tv5.org/

_____

_____

_____

5 Débat : la Francophonie est-elle un héritage du passé ?

_____

_____

_____

DIVERSITÉS CULTURELLES DE LA FRANCOPHONIE

Les pays qui ont le français en partage ne se ressemblent pas. Faire le tour de la Francophonie, c'est faire le tour des manières de table, des façons de se vêtir, d'habiter, d'être ensemble, de gagner sa vie, de s'éduquer, de se soigner, de s'occuper de la nature, de développer les villes, de fêter sa joie et de pleurer ses morts. C'est faire le tour du monde. Dans un monde qui se globalise, la Francophonie se donne pour principe de valoriser la diversité culturelle.

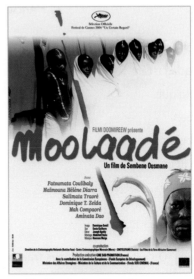

Un film de Sembène Ousmane.

• La vie au bout de la caméra

Les cinéastes francophones, dont l'œuvre est reconnue internationalement, témoignent, souvent avec des moyens réduits, de la complexité des sociétés qui sont les leurs. **Sembène Ousmane**, cinéaste sénégalais, disparu en 2007, a reçu un prix au Festival de Cannes en 2004 pour son film *Moolaadé*, qui traite de l'excision. Le Burkinabé **Idrissa Ouedraogo**, raconte dans *Yaaba* l'amitié entre un jeune villageois et une vieille femme. **Souleymane Cissé**, cinéaste malien, retrace dans *Yeelen*, de façon très poétique, le parcours initiatique d'un jeune garçon. **Youssef Chahine** raconte dans ses films l'Égypte contemporaine. De l'autre côté du monde, **Denys Arcand**, cinéaste québécois, poursuit une œuvre abondante et critique. Plus douloureusement, **Rithy Panh**, cinéaste cambodgien reconstruit, film après film, la mémoire du peuple khmer. En Belgique, les **frères Dardenne** réalisent un cinéma social inventif.

• Nourrir la langue

Comme tous les grands écrivains, les écrivains francophones du monde entier « créent une langue dans leur langue ». Les écrivains francophones de la génération précédente, comme, par exemple, l'écrivain sénégalais **Léopold Sédar Senghor**, les écrivains français de Martinique, **Aimé Césaire** et **Édouard Glissant**, tout comme **Antonine Maillet**, écrivaine canadienne d'origine acadienne, et **Michel Tremblay**, écrivain québécois, ou encore l'écrivain algérien **Mohamed Dib**, ont introduit dans leur français leur musique personnelle. La génération actuelle apporte sa touche propre et contribue à enrichir la langue française. Elle compte des écrivains comme **Patrick Chamoiseau**, écrivain français né à la Martinique, qui a reçu le prix Goncourt en 1992 pour son roman *Texaco*, **Abdelhalif Laâbi**, écrivain marocain, prix Goncourt de la poésie 2009, l'écrivain français d'origine chinoise, **Gao Xingjian**, qui a obtenu le prix Nobel de littérature en 2000, **Alain Mabanckou**, écrivain congolais récompensé par le prix Renaudot pour son roman *Mémoire de porc-épic*, ou encore **Nancy Huston**, écrivaine canadienne, prix Femina en 2006 pour *Lignes de faille*.

1 Connaissez-vous un des cinéastes cités dans le texte page 56 ?
Non ? Consultez http://cinema.encyclopedie.personnalites.bifi.fr/index.php?pk=10784

2 Connaissez-vous quelques-uns des écrivains cités dans le texte page 56 ?
Non ? Consultez http://www.bm-limoges.fr/auteurs.html
ou http://fr.wikipedia.org/wiki/Cat%C3%A9gorie:%C3%89crivain_francophone

_____

_____

_____

3 Que veut dire pour vous « enrichir la langue française » ?

_____

_____

_____

4 L'écrivain français J.-M.G. Le Clézio dit de lui qu'il est « un écrivain français, donc francophone ».
Que veut-il dire ?

_____

_____

_____

5 Écoutez le poème de Abdellatif Laâbi, « Tous les déchirements » (La Différence, 2006), puis lisez le
texte page 158. À votre avis, de quoi parle ce poème ?

_____

_____

_____

6 Consultez le site d'Alain Mabanckou et faites un portrait de cet écrivain.
(http://blackbazar.blogspot.com/)

_____

_____

_____

_____

_____

1

LE CALENDRIER

Les facteurs sont autorisés à vendre leur almanach chez les particuliers depuis le XIXᵉ siècle.

Le **calendrier** n'est pas le même pour tout le monde! L'année commence au mois de janvier, mais, pour les élèves, les étudiants et les enseignants, elle commence au mois de septembre : on parle alors de **rentrée scolaire**. Comme dans la plupart des pays du monde, en France on travaille cinq jours par semaine : du lundi au vendredi. Mais dans certains services (les banques, les bureaux de poste, les commerces), on travaille aussi le samedi.

Pendant les **jours fériés**, tout s'arrête. Les magasins, les écoles, les bureaux, les banques… sont fermés, sauf exception. Le calendrier scolaire rythme la vie des Français. L'école commence au mois de septembre et se termine au mois de juin : les élèves de 6 à 18 ans ont alors deux mois de vacances, juillet et août. Ce sont les **grandes vacances** et les mois de grands départs. Mais pendant l'année scolaire, les élèves ont d'autres périodes de vacances plus ou moins longues :

– Une semaine (parfois deux) pour la Toussaint,

– 15 jours pour Noël,

– 15 jours pour les vacances d'hiver (février/mars),

– 15 jours pour les vacances de printemps (avril).

Contrairement aux jours fériés, aux vacances de la Toussaint et de Noël, les vacances d'hiver et les vacances de printemps n'ont pas de dates fixes et varient de région à région.

1   **Quels sont les jours de repos en France ?**

_____

2   **En France, les jours non travaillés sont-ils les mêmes pour tout le monde ?**

_____

Les jours fériés en France	
Le 1er janvier (1er de l'an)	Le 14 juillet (fête nationale)
Le dimanche et le lundi de Pâques	Le 15 août (Assomption)
Le 1er mai (fête du Travail)	Le 1er novembre (Toussaint)
Le 8 mai (fin de la 2de Guerre mondiale)	Le 11 novembre (armistice de 1918)
Le jeudi de l'Ascension	Le 25 décembre (Noël)
Le lundi de la Pentecôte	

3   **Parmi les jours fériés :**

– Quelles sont les fêtes d'origine historique ?

_____

_____

– Quelles sont les fêtes d'origine religieuse ?

_____

_____

4   **Dans votre pays, quels sont les jours fériés ?**

_____

_____

5   **Quelle est l'origine de ces fêtes ?**

_____

_____

6   **Dans un calendrier idéal, quel jour aimeriez-vous fêter ? Pourquoi ?**

_____

_____

2 UNE SEMAINE DE TRAVAIL

Agenda hebdomadaire de Muriel, 33 ans, célibataire, cadre à International santé assistance.

TEMPS DE TRAVAIL, TEMPS DE REPOS

En 1997, le **temps légal** de travail était de 39 heures, mais les Français travaillaient en moyenne 41 heures par semaine. Depuis la **loi sur les 35 heures***, on travaille moins en France, mais il y a de grandes différences selon les métiers et les entreprises. De plus, le temps de travail n'est pas organisé partout de la même manière. Dans les bureaux administratifs, les employés travaillent en général de 9 heures à 12 heures et de 14 heures à 17 heures. Dans les entreprises, ils terminent souvent à 18 heures. Les **cadres*** travaillent en moyenne 4 heures de plus par semaine. Pour certains métiers, les infirmières ou les employés de commerce par exemple, les horaires sont irréguliers. Les ouvriers travaillent parfois la nuit.

Pendant les heures de travail, en général, on fait une **pause** pour déjeuner. Dans les grandes villes, on déjeune sur place, à la **cantine*** ou au café-restaurant. Le soir, après le travail, quand on ne passe pas trop de temps dans les transports, on peut pratiquer des activités sportives, associatives* ou culturelles. De temps en temps, en général le week-end, on reçoit ses amis ou sa famille autour d'un repas.

1 Combien de temps Muriel travaille-t-elle dans la semaine ?

_____

2 Travaille-t-elle plus/autant/moins que la moyenne des Français ?

_____

3 Que fait-elle quand elle ne travaille pas ?

Sieste au square Legall, à Paris.

Que fait-elle pour organiser sa vie quotidienne ? _____

_____

Que fait-elle pour son plaisir ? _____

_____

4 Quel est votre emploi du temps de la semaine ? Combien d'heures passez vous en :

– temps physiologique (dormir, se laver , manger) : _____

– temps professionnel (travail ou études) : _____

– temps domestique (ménage, lessive, courses) : _____

– temps de loisirs (promenade, sport, lecture, télévision, cinéma, etc.) _____

5 On dit « métro, boulot, dodo » pour parler d'une vie sans loisirs. À votre avis, peut-on dire de la vie de Muriel que c'est « métro, boulot, dodo » ?

_____

_____

6 Observez les deux tableaux ci-dessous. À votre avis, y a-t-il un lien entre eux ?

Dates historiques	Lois sur la durée du travail
1918 : fin de la Première Guerre mondiale	1919 : 48 h par semaine
1936 : front populaire (gouvernement de gauche)	1936 : 40 h par semaine
1981 : gouvernement de gauche	1982 : 39 h par semaine
1997 : gouvernement de gauche	1998 : 35 h par semaine

7 Quelle est la durée moyenne du temps de travail dans votre pays ?

_____

_____

LA SEMAINE DE MARC, BOUCHER, ET DE JOCELYNE, CAISSIÈRE

• Marc

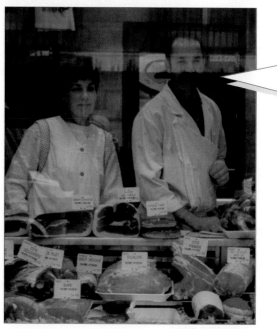

La boucherie de Marc, dans le 13ᵉ arrondissement de Paris.

Je me lève tôt. Un jour sur deux, à 4 heures, je vais aux **Halles*** pour acheter mon stock. Les autres jours, je suis debout à 4 h 30. Je vais à la boutique préparer la viande, nettoyer, ranger et mettre en place les **étalages**. C'est important les étalages, les clients achètent avec les yeux! Le magasin est ouvert à 7 heures. Je ferme à 13 heures, jusqu'à 14 h 30, puis je reprends le travail jusqu'à 20 heures. Ensuite je rentre chez moi. À 22 h 30, je suis couché. C'est comme ça toute la semaine. Le dimanche, la boutique est ouverte jusqu'à 13 heures. L'après-midi, je me repose et j'ai le temps de m'occuper de mon fils. Le lundi, c'est le **jour de fermeture**, mais je suis dans le magasin le matin, pour préparer la semaine suivante. Je crois que je travaille environ 90 heures par semaine, mais bon, j'ai choisi ce métier! Je m'organise comme je veux et puis, je prends six semaines de vacances dans l'année; ça, c'est sacré!

• Jocelyne

Dans le magasin, toutes les caissières travaillent à **temps partiel***, 30 heures par semaine. Je travaille 6 jours, du lundi au samedi. Les trois premiers jours de la semaine, je travaille de 15 heures à 20 heures, les trois jours suivants, de 10 heures à 15 heures. Tous les matins, à 7 h 45, j'accompagne le bébé chez la **nourrice*** et mes deux grands enfants à l'école. Quand je sors tôt, j'ai le temps de m'occuper des **devoirs**. Quand je travaille le soir, les enfants dînent avec mon mari et sont déjà couchés à mon arrivée à 21 heures. Ensuite? En général, je regarde un peu la télévision ou je lis le journal après le repas. Le week-end, en ce moment, on s'occupe du jardin. J'ai trois jours de **RTT*** (réduction du temps de travail) dans l'année et je vais prendre un jour cette semaine pour faire du **bricolage***.

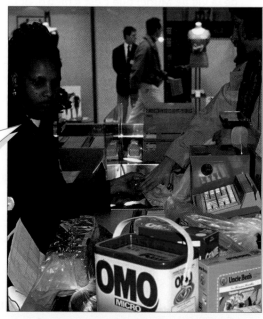

Jocelyne, caissière dans un supermarché à Aix-en-Provence.

1 Combien de temps Marc travaille-t-il dans la semaine ?

2 Travaille-t-il plus/autant/moins que la moyenne des Français ?

3 À votre avis, pourquoi Marc travaille-t-il autant ?

4 Le travail à temps partiel laisse-t-il à Jocelyne beaucoup de temps libre ?

5 Parmi les trois emplois du temps (Muriel, Marc, Jocelyne), lequel préférez-vous ? Pourquoi ?

6 Quel est l'emploi du temps d'un cadre, d'un boucher, d'une caissière dans votre pays ? Comparez leur situation avec celle de Muriel, Marc et Jocelyne.

3

UNE VIE D'ÉTUDIANT

Paris, le 20 septembre 2010

Chère Lola,

Je suis à Paris depuis une semaine, mais je n'ai encore rien visité.

Pour le moment, je cherche une chambre, ou un studio pas trop cher et pas trop loin de la fac. Actuellement, je suis chez Amélie (tu sais, la sœur de ma mère), mais la banlieue, ce n'est pas pratique. Je suis un peu fatiguée de prendre le RER deux fois par jour.

Je cherche aussi un petit boulot le soir et le week-end, parce que ma bourse n'est pas suffisante. Demain, j'ai un rendez-vous chez Mac Do, je te raconterai.

Voilà les nouvelles parisiennes. Écris-moi vite!

Julie

La vie d'un étudiant n'est pas simple! Il ne passe pas uniquement ses journées à l'**université** ou à la **bibliothèque**. Souvent, quand un jeune poursuit ses études à l'université, il quitte le foyer familial. Seulement 45 % des étudiants vivent chez leurs parents. Poursuivre les études signifie, pour beaucoup, chercher un logement et un « **petit boulot** »*.

SE LOGER, GAGNER SA VIE EN ÉTUDIANT

Pour se loger, un étudiant peut demander une chambre dans une cité universitaire, trouver une chambre dans un **foyer*** ou, s'il a les moyens, louer un appartement – éventuellement, le partager avec d'autres étudiants. C'est ce qu'on appelle la **colocation***. Si on est logé loin de l'université et qu'on doit prendre les transports en commun tous les jours, il vaut mieux avoir un **abonnement** mensuel ou annuel au tarif étudiant.

Pour payer ses études, un étudiant peut obtenir une bourse. Un étudiant sur cinq est boursier. Mais, généralement, pour arrondir ses fins de mois, il cherche un petit boulot et travaille le soir ou le week-end : il/elle peut garder des enfants, travailler comme vendeur/vendeuse dans une boutique, ou encore comme serveur/serveuse dans un *fast food*, dans un bar, etc. Être étudiant a aussi ses avantages. Avec sa **carte d'étudiant**, un étudiant a un libre accès à toutes les bibliothèques, restaurants et équipements sportifs universitaires. De plus, il peut avoir des tarifs réduits au cinéma et aux musées.

1 Vrai ou faux ? Un étudiant est quelqu'un qui :

	V	F
va à l'école		
prépare un diplôme supérieur après le baccalauréat		
ne travaille pas		

2 Quelles sont les difficultés et les avantages de la vie étudiante en France ?

Difficultés	Avantages

3 D'après le texte, quels « petits boulots » font les étudiants, en France, pour payer leurs études ?

_____

4 Connaissez-vous d'autres « petits boulots » ?

_____

5 Les Français aiment les abréviations. Qu'est-ce que :

– La cité u. ? _____

– Le resto u. ? _____

– La b.u. ? _____

– La fac ? _____

– Mac Do ? _____

– Le bac ? _____

Université Paris 8.

6

> 19,2% des étudiants du supérieur ont un emploi.
> 50% des emplois des étudiants ont un lien direct avec leurs études.
> 20% des étudiants qui travaillent ont un emploi occasionnel, notamment pendant les vacances d'été.
> (Source : www.insee.fr)

Comparez cette situation avec la situation des étudiants dans votre pays.

4

LES REPAS

LES HABITUDES DES FRANÇAIS À TABLE

Les habitudes des Français ont changé depuis quarante ans. Ils dépensent moins d'**argent** pour la nourriture et ils font plus attention à leur **santé**. Ils mangent, par exemple, moins de viande rouge, plus de volaille et, depuis la **crise de la vache folle***, davantage de poisson. Ils achètent aussi plus de produits déjà préparés (surgelés, plats cuisinés). Acheter de la **nourriture bio** (biologique) n'est pas une habitude pour tous, mais la moitié des Français en achète, parfois ou souvent.

Certains plats venus d'ailleurs sont maintenant habituels à table : pizzas, couscous, taboulé ou cuisine asiatique. La cuisine quotidienne s'est simplifiée, mais les Français aiment toujours la **bonne cuisine**, à la maison ou au restaurant. Quand ils reçoivent des invités, ils restent attachés à leurs **traditions culinaires**.

Menu d'un restaurant parisien..

Le plats préférés des Français :

1. blanquette de veau
2. couscous
3. moules frites
4. côte de bœuf
5. bœuf bourguignon

(Sondage Sofres, janvier 2006)

Un restaurant rue Tournefort, à Paris.

1   Parmi les plats cités page 62, quels sont les plats traditionnels français ?

_____

_____

_____

2   Pouvez-vous citer des plats d'origine étrangère que les Français aiment manger ?

_____

_____

_____

3   Observez la photo. Ce plat est :

– une entrée   ❑
– un plat principal ❑
– un dessert   ❑

4   Pourquoi ?

_____

_____

_____

5   D'après le texte, quels sont les changements les plus importants dans l'alimentation des Français ?

_____

_____

_____

_____

6   Depuis quarante ans, quels sont les changements alimentaires les plus importants chez vous ?

_____

_____

_____

_____

PRINCIPAUX REPAS

Une table dressée.

Comme dans la plupart des pays européens, en France, on prend généralement trois repas par jour : le **petit déjeuner** (le « petit déj »), le **déjeuner** et le **dîner.**

• Le petit déjeuner

Le « **petit déj** » est léger. Il se compose souvent d'une **boisson chaude** (café, café au lait et, plus rarement, chocolat chaud ou thé), de **tartines** avec du beurre et de la confiture, et éventuellement d'un yaourt. Depuis quelques années, on apprécie aussi les céréales. Il ne faut pas non plus oublier les **croissants**,connus dans le monde entier !

• Le déjeuner

Le **déjeuner** (pris entre 12 heures et 14 heures), dans les grandes villes, est plus rapide qu'autrefois : on mange souvent à la **cantine***, dans un bistro ou une brasserie. Dans les petites villes, en revanche, on rentre chez soi pour déjeuner. Ce repas se compose d'une **entrée** (salade, charcuterie, saumon fumé...), d'un **plat principal** (viande ou poisson accompagné de légumes), d'un **dessert** (fruit, gâteau) et d'un café. Quand on n'a vraiment pas beaucoup de temps, ou peu d'argent, on prend un plat unique ou on mange simplement un sandwich, une quiche, un croque-monsieur : c'est ce qu'on appelle la **restauration rapide***. Entre 16 heures et 17 heures, les enfants prennent leur **goûter** : un pain au chocolat, ou une tartine, accompagné d'une boisson.

• Le dîner

Le **dîner**, pris en général autour de 20 heures, réunit toute la famille. C'est le repas le plus important. C'est aussi le repas le plus copieux : une entrée, un plat principal, du fromage, un dessert, sans oublier un bon verre de vin ! Quand on est entre amis, avant ce repas, on propose de boire un **apéritif.**

1   Observez la photo page 68. Comment la table est-elle organisée ?

_____

_____

2   Qu'est-ce qui serait différent chez vous ?

_____

_____

3   Chez vous dans la vie quotidienne :

– Quand mange-t-on ? _____

– Que mange-t-on ? _____

– Avec qui mange-t-on ? _____

– Où mange-t-on ? _____

4   Comparez vos habitudes avec les habitudes des Français.

_____

_____

_____

5   Que pensez-vous de la restauration rapide ?

_____

_____

_____

Un plateau de fromage.

6   Que veut dire, pour vous, « bien manger » :

manger un repas varié et équilibré	
manger juste à sa faim	
manger ce qu'on aime	
manger un repas complet (entrée, plat, fromage, dessert)	
manger avec des gens qu'on aime bien	
aller au restaurant	
autre	

INVITATIONS

• À déjeuner ou à dîner

C'est souvent autour d'un repas qu'on invite des amis : un repas chaud, parfois un **buffet froid**. Selon l'âge, le milieu social, la région, on reçoit ses invités de manière un peu différente, mais il y des habitudes, assez générales, qui étonnent parfois les étrangers. Même lorsqu'il s'agit d'une invitation simple, chez soi, on prépare un **vrai repas cuisiné**. Il semblerait anormal d'offrir pour dîner, à ses amis, des pizzas achetées au coin de la rue. Pour les plus jeunes, inviter des amis **(faire la fête)** veut aussi dire écouter de la musique et danser.

• L'heure, c'est l'heure ?

Il est habituel de ne pas arriver juste à l'heure dite, pour laisser aux **hôtes** le temps de finir les préparatifs. Avec les premiers arrivés, on prend l'**apéritif**. Il est considéré comme normal d'arriver un quart d'heure ou une demi-heure après l'heure indiquée, mais on n'arrive pas à un dîner avec une heure de retard ! Et on ne s'en va pas dès que le repas est terminé, puisque l'essentiel est d'être ensemble pour bavarder.

• La bise* à l'arrivée

Depuis quelques décennies, les **rapports** entre les gens sont devenus moins formels. En général, pour se dire bonjour, quand ils sont amis ou parents, les hommes et les femmes s'embrassent, les femmes entre elles s'embrassent aussi et les hommes entre eux se serrent la main. On embrasse également les enfants.

• Un petit cadeau

Les invités n'arrivent pas « les mains vides ». Les **cadeaux** apportés varient selon l'âge, le milieu social, selon qu'on est en ville ou à la campagne : fromage et vin pour compléter le repas chez les plus jeunes, vin, gâteau, bouquet de fleurs pour les repas entre adultes, livre ou disque dans certains milieux et parfois petits cadeaux pour les enfants (qui partageront rarement le repas des adultes).

Repas entre amis.

1 Quelles sont les habitudes des Français quand ils invitent des amis chez eux ?

_____

_____

2 Parmi les habitudes des Français, quelles sont celles qui vous semblent caractéristiques de la France ?

_____

_____

3 Chez vous, invite-t-on les amis essentiellement à prendre un repas ?

_____

4 Lisez le texte ci-contre. Que pensez-vous de ces « goûters d'anniversaire » ?

_____

_____

_____

_____

> Les goûters d'anniversaire se développent. Dans les classes moyennes, dès l'âge de la maternelle, les enfants invitent chez eux leurs amis ; comme les adultes, par téléphone ou par invitation écrite. Des jeux, parfois un spectacle, accompagnent ce goûter exceptionnel. Les invités apportent un petit cadeau (et parfois en reçoivent aussi). Fait nouveau, en ville, le goûter d'anniversaire a parfois lieu dans des restaurants de restauration rapide* qui attirent leur jeune clientèle, en leur donnant de petits jouets colorés.

5 Lisez l'extrait ci-dessous :

> Les jours de fête, chez les Coupeau, on mettait les petits plats dans les grands ; c'étaient des fêtes dont on sortait ronds comme des balles, le ventre plein pour la semaine.
> Émile Zola, _L'Assommoir_.

À votre avis, que signifient ces deux séries d'expressions ?

Mettre les petits plats dans les grands / Se mettre en quatre pour faire un repas / Se mettre en frais :

_____

Une invitation à la fortune du pot / Une invitation à la bonne franquette / On est entre nous :

_____

6 Quand vous êtes invité chez quelqu'un, qu'apportez-vous généralement comme cadeau ?

_____

_____

5

LES COURSES

LES DIFFÉRENTS LIEUX

• Les grandes surfaces

Pour faire leurs courses, les Français ont beaucoup de choix. Comme dans la plupart des autres pays d'Europe, les **hypermarchés*** sont de plus en plus nombreux à la périphérie des grandes villes. Ils sont généralement situés dans des **centres commerciaux*** ou dans des **galeries marchandes*** où on peut trouver d'autres boutiques et services. On vient là en voiture pour faire les achats de la semaine ou du mois.

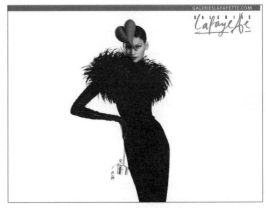

Laetitia Casta, mannequin célèbre,
a posé pour les Galeries Lafayette.

• Les grands magasins

Les grands magasins traditionnels, par exemple le Printemps, les Galeries Lafayette, les Nouvelles Galeries, se sont très bien adaptés à l'évolution des habitudes d'achat. Ils restent très fréquentés par les Français comme par les touristes qui viennent y chercher des produits de luxe (vêtements, parfums, etc.). Il existe aussi des magasins bon marché et, depuis quelques années, les magasins de **dépôt-vente*** ont beaucoup de succès. Dans ces magasins, on peut déposer ou acheter des vêtements déjà utilisés ou dégriffés*.

Marché de Port-Royal, à Paris.

• Les magasins de proximité

On peut faire ses courses alimentaires aux **supermarchés** (Monoprix, Franprix, Carrefour…), dans les **commerces de proximité*** (boulangerie, pâtisserie, charcuterie, boucherie, poissonnerie, alimentation générale…), ou encore au **marché***, où tous les produits sont frais et de saison. Les marchés (en plein air ou fermés) ont lieu, dans la plupart des cas, plusieurs fois par semaine. Pour les Français, aller au marché est un plaisir : souvent, on va le week-end « faire le marché » pour l'ambiance.

• Les achats par Internet

Se servir d'Internet pour faire ses achats est une habitude qui se développe de plus en plus en France. Le nombre des sites marchands se développe aussi : il est passé de 39 600 en 2008 à 52 000 en 2009.

(source *Francoscopie* 2010, Larousse).

1 Où les Français font-ils leurs courses alimentaires pendant la semaine ?

_____

_____

_____

2 Avez-vous le même choix dans votre pays ?

_____

_____

_____

3 Dans quel magasin peut-on acheter ces produits ?

La viande _____

Le pain _____

Les œufs _____

Le poisson _____

Les fruits _____

Le jambon _____

4 Observez la photo du marché : quel est l'élément qui vous fait penser tout de suite à la France et pourquoi ?

_____

_____

_____

5 Acheter des vêtements d'occasion, chez vous, est-ce une pratique courante ?

_____

_____

_____

6 Et vous, préférez-vous faire vos courses dans les petits magasins ou dans les centres commerciaux ?

_____

_____

_____

LES HORAIRES D'OUVERTURE

Les horaires d'ouverture des magasins en France sont **variables** : les grands centres commerciaux et les supermarchés sont ouverts de 10 heures à 19 heures et parfois le dimanche matin de 10 heures à 13 heures. Dans les grandes villes, ils peuvent être ouverts jusqu'à 22 heures, voire 24 heures.

Les **petits commerces** ouvrent de 8 heures à 20 heures, mais ils ferment généralement entre 12 heures et 14 heures. De plus, certains **magasins d'alimentation**, souvent tenus par des **Maghrébins** (Tunisiens, Algériens, Marocains), sont ouverts jusqu'à 22 heures parfois plus.

Le **marché*** commence tôt le matin (vers 7 h 30-8 heures) et se termine aux alentours de 13 h 30 : c'est alors l'heure des bonnes affaires ! Les commerçants **soldent** les produits frais invendus.

Un magasin de proximité.

Un distributeur automatique de nourriture.

Ouverture des magasins le dimanche et la nuit : la polémique

En région parisienne, il existe des zones autorisées à ouvrir le dimanche et beaucoup de grandes enseignes (Virgin, Ikea, Darty...) multiplient les ouvertures nocturnes pendant la semaine. Tout le monde n'est pas d'accord. Voici quelques témoignages sur ce sujet polémique :

Yves, 35 ans, est depuis huit ans chez Darty. Il travaille presque tous les dimanches et en nocturne plusieurs fois par semaine. Aujourd'hui, Yves ne veut plus travailler le soir : « Ma femme me le demande souvent, mais je suis obligé, c'est dans mon contrat. »

Odile, 33 ans, travaille depuis douze ans chez Virgin. Ces deux dernières années, elle y travaille tous les dimanches : « C'est simple, on n'a plus de vie sociale. Impossible de sortir le week-end avec ses amis. »

Zouzi, 37 ans, employé de banque : « Je consomme le dimanche quand je m'ennuie, je n'aime pas trop les balades en forêt et les petits oiseaux... Et puis, c'est bien pour les étudiants qui ont besoin d'argent. Pendant mes études, je travaillais le dimanche dans un magasin à l'aéroport d'Orly. »

Bruno, 65 ans, chef d'entreprise : « La semaine, mon esprit est entièrement occupé à mon travail, l'idée de faire des courses ne me vient même pas ! »

1 En France, les horaires d'ouverture des magasins sont-ils les mêmes dans les grandes et les petites villes ?

_____

_____

2 Comparez les horaires d'ouverture des magasins en France et chez vous. Quelles sont les différences ?

_____

_____

3 Et vous, préférez-vous faire vos courses le matin ou le soir ? Pendant le week-end ou en semaine ?

_____

_____

4 Lisez les témoignages : quels sont les arguments pour et les arguments contre l'ouverture des magasins le dimanche ?

Pour	Contre

5 Selon vous, quels sont les avantages et les inconvénients de l'ouverture des commerces le soir et le dimanche ?

Avantages	Inconvénients

6 Dans quelques grandes villes françaises, il existe maintenant des distributeurs automatiques où il est possible d'acheter de la nourriture jour et nuit (photo de droite page 74). Que pensez-vous de ce type de commerce ?

_____

_____

LES TRANSPORTS

LA VIE AU QUOTIDIEN

Pour se déplacer, ce n'est pas la même chose d'habiter la capitale ou une autre ville de l'Hexagone. Et ce n'est pas la même chose d'habiter en ville, en **banlieue*** ou à la campagne.

EN VILLE

Les moyens de transport utilisés tous les jours pour des trajets brefs sont :
– le **bus** dans toutes les villes ;
– le **métro** dans les grandes villes comme Paris, Lyon, Marseille, Rennes, Rouen… ;
– le **tramway** dans quelques grandes villes comme Paris, Nantes, Strasbourg, Grenoble, Lille, Bobigny ;
– le **trolleybus*** à Limoges et Nancy.
Ces transports en commun permettent

Le métro parisien a un siècle et compte 14 lignes. Météor, le métro le plus récent, est automatisé.

de diminuer les embouteillages et la pollution. On utilise ces moyens de transport pour se déplacer d'un endroit à l'autre de la ville ou pour aller de la ville à la proche banlieue (et vice versa).

Pour se déplacer facilement et rapidement en ville, certains choisissent la **moto**, la **mobylette** ou le **scooter**, qui est à nouveau à la mode. La création de **pistes cyclables** dans les grandes villes rend la circulation plus sûre. Ainsi, les plus sportifs peuvent utiliser sans trop de danger le **vélo** et, parfois, les **rollers** (patins à roulettes).

Le vendredi soir, ceux qui aiment les rollers se donnent rendez-vous pour une balade dans les rues de Paris qui dure plusieurs heures.

La bicyclette et le vélo

C'est le contraire du vélo, la bicyclette. Une silhouette profilée mauve fluo dévale à soixante-dix à l'heure : c'est du vélo. Deux lycéennes côte à côte traversent un pont à Bruges : c'est de la bicyclette.

Philippe Delerm, *La Première Gorgée de bière et autres plaisirs minuscules*, Paris, Gallimard, 1997.

A C T I V I T É S

1 Pourquoi n'est-ce pas la même chose d'habiter en ville, en banlieue ou à la campagne en ce qui concerne les transports ?

_____

_____

2 Vrai ou faux ?

	V	F
Les transports en commun ont supprimé les embouteillages.		
Toutes les villes françaises ont un métro.		
Toutes les lignes de métro sont automatisées.		
Le tramway est utilisé seulement dans les petites villes.		
Les pistes cyclables sont utilisées par les vélos.		

3 Quel moyen de transport utilisez-vous en général ? Pourquoi ?

_____

_____

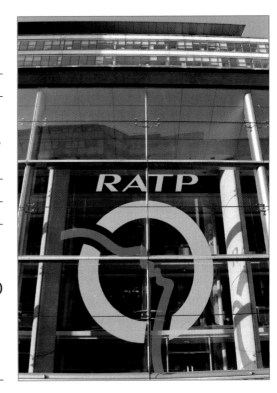

4 Observez le logo de la RATP. Que symbolise-t-il ?

_____

_____

5 Observez un plan de métro parisien (http://www.ratp.info/orienter/cv/carteparis.php) et retrouvez le nom de cinq lignes de métro, en indiquant leur point de départ et leur point d'arrivée. Exemple :
Ligne 1 → Château de Vincennes – La Défense.

_____

_____

Le siège de la RATP,
Régie autonome des transports parisiens.

6 Selon vous, comment peut-on améliorer la circulation en ville ?

_____

_____

■ LE TRAIN

Pour les déplacements régionaux, il existe le **RER** (réseau express régional) à Paris et le **TER** (train express régional) dans les autres villes. Pour se déplacer d'une ville à l'autre, du nord au sud et de l'est à l'ouest du pays, il y a avant tout le **TGV** (train à grande vitesse), inauguré en 1981, qui représente 50 % du trafic de la **SNCF** (Société nationale des chemins de fer). Grâce à sa vitesse, le TGV remplace souvent l'avion ! Il a aussi changé les habitudes des Français : maintenant on peut habiter le nord de la France et travailler à Paris (Lille-Paris : 55 minutes), ou encore habiter à Paris et travailler à Dijon (1 h 45). Les plus connus des TGV sont l'**Eurostar**, qui relie Paris et Londres, et le Thalys, qui relie Paris à Bruxelles et à Amsterdam.

Le RER, les TER et les TGV dépendent de la SNCF. Chaque ville ou région a sa propre régie de transport : **RATP** (Régie autonome des transports parisiens) pour Paris, **CTS** (Compagnie des transports strasbourgeois) pour Strasbourg, **STAR** (Société de transports rennais) pour Rennes, etc.

■ LA VOITURE

La **voiture** reste le moyen de transport le plus utilisé (32 millions de véhicules en France) et le plus dangereux. Il y a environ 4 300 morts par an sur la route. Les **accidents mortels** sont plus nombreux en France qu'en Allemagne ou en Angleterre par exemple. La voiture est la troisième dépense la plus importante des familles après le logement et l'alimentation.

On passe le permis de conduire à 18 ans, ou à 16 ans en conduite accompagnée*.

■ L'AVION

L'**avion** est utilisé à la fois pour des raisons professionnelles et pour le tourisme. La compagnie aérienne nationale **Air France** propose des vols fréquents sur la France métropolitaine (courts courriers), sur l'Europe (moyens courriers) et sur 180 destinations dans le reste du monde (longs courriers). Les petites compagnies d'aviation françaises ont du mal à survivre.

Dans l'aéroport de Roissy, en région parisienne.

1   Pourquoi le TGV a-t-il transformé les habitudes des Français ?

_____

_____

2   Observez le tableau : Que remarquez-vous ?

Transports intérieurs de voyageurs en France en 2009	
– Voiture	82 %
– Autobus et autocars	5,5 %
– SNCF	11,2 %
(dont TGV)	5 %
– Avion	1,5 %

Source : ministère de l'Écologie, du Développement durable et de la Mer.

3   Pour ou contre l'utilisation de la voiture comme moyen de transport quotidien ?

Pour	Contre

4   « En ville sans ma voiture »
Le 22 septembre 2001, 1 000 villes d'Europe ont participé à la journée « En ville sans ma voiture ».
Cette journée vous semble-t-elle utile ? Dites pourquoi :

_____

_____

5   Quelle est la place de l'automobile chez vous ?

_____

_____

6   Pour quels types de déplacement utilise-t-on l'avion en France ?

_____

1 QUELQUES FÊTES TRADITIONNELLES

Comme dans la plupart des pays du monde, chaque région, chaque ville, chaque village en France a ses fêtes et ses traditions. Mais il existe également des fêtes que la plupart des Français partagent.

HIVER

• Noël
La fête la plus importante est Noël (25 décembre), qui célèbre, à l'origine, la naissance du Christ. Pendant cette période, les maisons sont décorées avec des sapins et, dans certaines familles, on fait une **crèche***. C'est sous le sapin que le Père Noël dépose les cadeaux pour les enfants ! Le soir du 24 décembre, le **réveillon**, on se réunit avec la famille autour d'un repas traditionnellement composé d'huîtres, de foie gras, de dinde aux marrons et d'un gâteau particulier : la **bûche**. Les catholiques vont à la messe de minuit.

• La Saint-Sylvestre
C'est le 31 décembre. On sort avec des amis, on danse, on boit du champagne et, à minuit, on s'embrasse pour fêter la **nouvelle année**.

• La fête des Rois
On la fête le premier dimanche de l'année. On mange une **galette*** où est cachée une **fève***.

• La Chandeleur
Cette fête tombe toujours le 2 février. Autrefois, c'était la fête des Chandelles, aujourd'hui on mange des **crêpes**.

• Le mardi gras
C'est le dernier jour du **carnaval**. On se déguise et, dans certaines villes, on organise des défilés de chars. Le défilé le plus connu est à Nice, capitale du carnaval. Ce jour précède la période de jeûne du **Carême***.

• La Saint-Valentin
Le 14 février, c'est la fête des **amoureux**. Ce jour, qui n'a pas toujours été célébré en France, a maintenant un certain succès : les amoureux s'échangent des cartes ou des cadeaux.

1 D'après le texte page 80, quelles sont les fêtes plutôt destinées aux enfants et celles plutôt destinées aux adultes ?

_____

_____

2 D'après le dessin, pourquoi peut-on dire que Noël est maintenant la vraie fête nationale en France ?

_____

_____

« _Noël, notre vraie fête nationale_ »
Dessin de Serguei paru dans Le Monde, _24 décembre 2002._

3 Célèbre-t-on Noël chez vous ? Si oui, que fait-on ?

_____

4 Que pensez-vous du texte ci-dessous ?

Je déteste Noël

Chaque année c'est le même cirque : une abondance de guirlandes dans les arbres, des lumières et ça clignote toute la nuit pendant un mois. Et ce n'est pas tout : ça sent la dinde dès qu'on ouvre la porte d'un traiteur et on nous assassine les oreilles avec de la musique sirupeuse à longueur de journée !

D'après 15-20 ans.com, décembre 2000.

_____

_____

_____

_____

_____

5 En vous inspirant des messages du journal _Libération_, rédigez un message pour la Saint-Valentin.

Messages d'amour

À mon amour

_Tu aimes rire. Tu aimes danser. Tu aimes les BD,
les Marsupilamis[1], les bonbecs[2], et notre petite poule.
Tu aimes inventer des lampes et peindre des meubles.
Tu veux m'embrasser et dire « bon ben d'accord ».
Moi je t'aime toi et notre petite lutine._

Eliane

_Tu as voulu voir Paris, nous avons vu Paris
Tu as voulu voir Prague, on a été à Prague
J'ai voulu voir Buda et on a vu Pest
Promis, en 2002, nous irons à Vesoul._

1. Personnages de la bande dessinée _Spirou_. 2. « Bonbons » en argot.

Source : Libération.com

_____

_____

_____

PRINTEMPS

• Pâques

Cette fête religieuse rappelle la résurrection du Christ. Pâques ne tombe jamais à la même date, mais toujours un **dimanche**, à la fin du mois de mars ou au mois d'avril. Les enfants cherchent dans les jardins (ou dans les appartements) des œufs, des poules, des lapins en chocolat que l'on cache partout. Selon la tradition, ces objets ont été apportés par les cloches qui viennent de Rome. Le **lundi de Pâques** est un jour férié.

• Le « poisson d'avril »

Le 1er avril est le jour des **farces** ! Partout, à la radio et à la télévision, on donne de fausses nouvelles, parfois incroyables. Traditionnellement, les enfants découpent des poissons en papier qu'ils accrochent dans le dos des autres, mais cette tradition disparaît.

ÉTÉ

Le 21 juin et le 14 juillet sont des fêtes typiquement françaises.

• La Fête de la musique

Le 21 juin, qui coïncide avec le début de l'été, est la Fête de la musique. Il s'agit d'une fête récente qui date de 1982. Tout le monde est dans les rues où sont organisés des concerts en plein air.

• La prise de la Bastille

Le 14 juillet, on célèbre la fête nationale française. La prise de la Bastille marque le début de la Révolution de 1789. À Paris, on organise un grand **défilé militaire** sur les Champs-Élysées devant le président de la République. La veille du 14 juillet, il y a des **bals** en plein air et des feux d'artifice.

Défilé militaire sur les Champs-Élysées.

AUTOMNE

• Halloween

Introduite en France il y a quelques années, la fête de Halloween, après un succès assez important autour des années 2000, devient de plus en plus discrète....

1 D'après les textes des pages 80 et 82, quelles sont les fêtes plutôt destinées aux enfants et celles plutôt destinées aux adultes ?

_____

_____

_____

2 Certaines fêtes sont des fêtes légales (voir page 59). Quelles sont les fêtes légales d'origine religieuse et quelles sont les fêtes légales qui ont une autre origine ?

_____

_____

_____

3 Que célèbre la fête nationale dans votre pays ?

_____

_____

4 Célèbre-t-on chez vous le début de l'été ? Si oui, que fait-on ?

_____

_____

_____

5 À votre avis, pourquoi la fête de Halloween a-t-elle rencontré si peu de succès en France ?

_____

_____

_____

_____

6 Imaginez un poisson d'avril.

_____

_____

_____

Fête de la musique

2

LES VACANCES

Les vacances ne sont pas les mêmes pour tous !
La saison la plus appréciée pour les vacances est l'été, saison pendant laquelle les séjours sont aussi les plus longs. Mais on part aussi en hiver, surtout pendant les vacances de Noël et les vacances scolaires de février. La destination préférée des Français reste la **mer**. Viennent ensuite dans l'ordre la **campagne**, la **montagne**, la **ville** et les **circuits touristiques**. Même si les Français aiment partir à l'étranger, plus de huit séjours sur dix se déroulent en France.

L'ÉVOLUTION DES HABITUDES

Selon les statistiques, les habitudes des Français ont évolué en dix ans. Ainsi, ils partent **plus souvent**, mais **moins longtemps**. Et, en ce qui concerne les moyens de transport, ils prennent aujourd'hui davantage l'avion pour les longues distances, le TGV pour se déplacer en France, mais la voiture est encore le principal moyen de transport.

LES INÉGALITÉS

Aujourd'hui, malgré la cinquième semaine de **congés payés***, quatre Français sur dix ne partent pas en vacances. Ceci reflète à la fois un déséquilibre social et un déséquilibre géographique. Quand on ne part pas, c'est par manque de moyens économiques (les **chômeurs**, par exemple) ou pour des raisons de santé (les **retraités***, par exemple). Ce sont surtout les habitants des grandes villes – et parmi eux, d'abord les Parisiens – qui partent le plus souvent. Les habitants des communes rurales* sont, en revanche, ceux qui partent le moins.

Pour les vacances d'été, la mer est la destination préférée des Français.

Festival d'Avignon : la culture au soleil.

1 Dans votre pays, part-on pour les vacances aux mêmes périodes qu'en France ?

_____

2 Quelle est l'origine des inégalités des départs en vacances ?

_____

3 Pourquoi, à votre avis, les habitants des communes rurales partent-ils moins souvent ?

_____

4 Observez le tableau ci-contre et commentez le.

Les différents modes d'hébergements (2007)	
Hôtel	15,5 %
Camping	7,9 %
Gîte rural, chambre d'hôte	7,4 %
Location	5,1 %
Résidence secondaire	9 %
Famille	37,3 %
Amis	11,9 %
Autres	5,5 %

5 Observez le tableau ci-dessous sur les destinations préférées des Français. Cet ordre serait-il le même dans votre pays ?

Les séjours des Français en 2007	
Mer	27,2 %
Montagne	14,1 %
Campagne	35 %
Ville	36,4 %
Lac	4 %
Source : Direction du Tourisme / Sofres	

6 Pour vous, les vacances c'est :

– un temps de repos	– un temps de découverte
– un temps d'activités culturelles	– un temps d'activités sportives
– un temps à partager avec les amis	– autre
– un temps à partager avec la famille	

3

LES LOISIRS

En quelques décennies, la durée du travail hebdomadaire a diminué, la durée de la vie après la retraite a augmenté : le temps libre est donc devenu plus important. Et les **loisirs** – ce qu'on fait quand on dispose de son temps – ont pris une place nouvelle dans la société. On leur consacre une part élevée du **budget** (plus de 1 000 euros par an en moyenne). Que font les Français de leur temps libre en dehors des vacances ? Tout dépend de leur âge, de leur sexe, de leur lieu d'habitation et des habitudes de leur milieu social.

La télévision reste le loisir favori des Français.

À LA MAISON

Malgré des différences, les Français passent beaucoup de temps à la maison, devant les médias et à s'occuper d'audiovisuel : ils regardent la **télévision**, écoutent la **radio** ; ils lisent, surtout des **magazines**, mais aussi des **livres** et, moins régulièrement, des **quotidiens** ; ils regardent des films sur différents supports. Les plus jeunes jouent en grand nombre aux jeux vidéo. L'utilisation des ordinateurs à domicile progresse tous les ans. En 2008, 62 % des foyers étaient connectés à Internet.

AU JOUR LE JOUR

Équipement des ménages en 2008	
– Télévision	98 %
– Ordinateur avec accès à Internet	62 %
– Lecteur DVD	89 %
– Magnétoscope	61 %

1

Les loisirs, c'est :	Vrai	Faux
Ce qu'on aime faire.		
Les activités collectives après le travail ou l'école.		
Ce qu'on fait quand on a du temps libre.		

2 **Quels sont les loisirs des Français à la maison ?**

_____

_____

_____

_____

3 **Les Français passent de plus en plus leur temps libre à la maison. Chez vous, est-ce la même chose ?**

_____

_____

_____

_____

_____

4 **Observez la photo page 86 :**

– Où la télévision est-elle située ? _____

_____

– Que vous apprend la photo sur le mode de vie de cette famille ? _____

_____

5 **Qu'est-ce qui serait différent si cette photo avait été prise chez vous ?**

_____

_____

_____

_____

_____

LES SORTIES

Randonnée d'été dans les Alpes.

• Le sport d'abord

C'est le **sport**, avant le cinéma, qui fait sortir les Français de chez eux. La moitié des gens de 15 à 75 ans disent pratiquer régulièrement une activité sportive. L'évolution est grande en dix ans. Le sport est devenu très présent : *L'Équipe*, journal exclusivement sportif, est le deuxième quotidien français ; la mode vestimentaire pour les jeunes s'inspire de différents sports ; la victoire des **Bleus*** à la Coupe du monde de football en 1998 est fêtée comme un événement national… et leur défaite en Coupe du monde en 2006 est présentée par les médias comme un échec national.

• Le sport pratiqué

Dans un pays où l'obésité augmente, il s'agit de rester en bonne santé, de contrôler sa silhouette, mais aussi de se faire plaisir en pratiquant une activité conviviale. L'esprit de compétition n'est pas la première raison de l'effort physique. Un Français sur trois pratique un **sport individuel** (randonnée, gymnastique, natation, rollers…) qui présente peu de contraintes. Un Français sur quinze, seulement, pratique un **sport collectif** dans un club. Dans la France des années 2000, le **football** est le sport collectif le plus populaire (2 320 625 **licenciés*** en 2007) et le symbole d'un pays **multiculturel**. Viennent ensuite le tennis (1 094 593 licenciés) et les arts martiaux (550 382). Certains sports coûteux (golf, équitation) sont peu démocratisés. D'autres sont surtout pratiqués dans certaines régions, comme le rugby dans le Sud-Ouest.

• Le sport spectacle

Les grands événements sportifs sont des temps collectifs : les Français ne les regardent pas seulement à la télévision mais fêtent dans la rue, parfois devant des écrans géants*, le **Tour de France** cycliste (depuis des décennies), la **Coupe du monde** de football et le départ des grandes **courses à la voile** (depuis quelques années).

Foule devant la Coupe du monde sur écran géant.

ACTIVITÉS

1 La place du sport est devenue importante en France. À quoi le voit-on ?

2 Observez ces publicités. Quels sont les produits concernés ?

3 Pourquoi les marques publicitaires utilisent-elles les footballeurs ou les anciens footballeurs de l'équipe de France ?

4 À votre avis, pourquoi les sports individuels (sans inscription dans un club) sont-ils plus pratiqués que les sports collectifs, en France ?

5 Est-ce la même chose dans votre pays ?

6 Pourquoi certains sports deviennent-ils des sports-spectacles ?

7 Le sport de compétition, c'est :

L'esthétique	Un prétexte à la violence
Le dépassement de ses limites	Un prétexte au nationalisme
L'esprit de groupe	Le règne de l'argent
Un moyen d'échange universel	La destruction du corps

Complétez ce tableau et justifiez votre position.

LES SPECTACLES

Les brocantes attirent de nombreux visiteurs : goût du passé ou goût esthétique des objets anciens ?

Le **cinéma** et les visites de **brocantes** arrivent en tête, pour les sorties, devant les musées, la visite des monuments, les expositions de peinture, les spectacles de cirque ou de théâtre, les concerts. En France, l'opéra est surtout fréquenté par les amateurs aisés des grandes villes.

• Le cinéma

Il y a quelques années, les Français allaient peu au cinéma. Ils recommencent à y aller : trois fois par an en moyenne. Les jeunes y vont davantage. Le développement des **multiplexes*** et le succès de quelques **films français** expliquent en partie cela. Le poids du cinéma américain est important, mais moins qu'ailleurs en Europe. L'État aide financièrement le cinéma national. En 2008, les films français ont représenté 45,4 % des entrées.

• Les arts plastiques

La création de nouveaux **musées** et la rénovation par l'État des musées anciens (le Grand Louvre, le musée d'Orsay, le musée du Quai-Branly, les musées de Villeneuve-d'Ascq, de Saint-Étienne, de Grenoble, de Lyon) ont renouvelé l'intérêt pour les **arts plastiques**. Dans les grandes villes, les grandes **expositions** de peinture sont des événements. Fait plus récent, la bande dessinée est maintenant considérée comme un art à part entière. Elle a son festival annuel à Angoulême (230 000 visiteurs en 2010).

• Le théâtre

En France, le théâtre n'est pas un art populaire. Pourtant, les théâtres, souvent **subventionnés** par l'État, sont nombreux. En dehors de cinq théâtres nationaux*, on compte un millier de petites compagnies, des théâtres privés et de nombreux festivals. Le plus célèbre est le **Festival d'Avignon**, qui présente, tous les étés, de nouvelles créations.

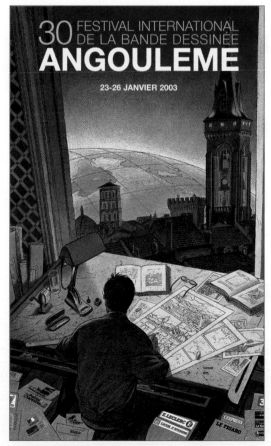

Affiche pour le Festival d'Angoulême.

1 Quand vous sortez, faites-vous la même chose que les Français ?

2 Observez le tableau suivant. Que remarquez-vous ?

Les films les plus vus en France en 2008 (en millions de spectateurs)	
BIENVENUE CHEZ LES CH'TIS (France)	20, 4
ASTÉRIX AUX JEUX OLYMPIQUES (France)	6, 8
MADAGASCAR 2 (États-Unis)	4, 2
INDIANA JONES ET LE ROYAUME DU CRÂNE DE CRISTAL (États-Unis)	4, 2
JAMES BOND : QUANTUM OF SOLACE (États-Unis)	3

Source : *Le Parisien*, classement box-office.

3 Observez l'affiche du Festival d'Angoulême. À votre avis, à qui s'adresse ce festival ?

4 Pourquoi les Français aiment-ils les brocantes et les marchés aux puces ?

5 Les brocantes et les marchés aux puces sont-ils aussi populaires chez vous ?

6 À votre avis, pourquoi l'État français subventionne-t-il le théâtre et l'opéra ?

7 Dans votre pays, l'État intervient-il dans le financement de la culture de la même manière qu'en France ?

• Le cirque

À côté du **cirque traditionnel**, souvent familial, est apparu un **nouveau cirque**, sans animaux, qui fait une place à la danse et au théâtre. Ce nouveau cirque, souvent inventif, attire les jeunes artistes (350 compagnies ont été créées ces dernières années) et de nouveaux spectateurs, adultes comme enfants.

• La musique

Le paysage musical est **varié**. La musique classique, la musique contemporaine, le rock, le jazz, le rap*, le raï*, la chanson d'auteur-compositeur, la musique électronique, le music-hall, ont chacun leurs lieux et leurs **festivals**, qui concernent des publics différents. Depuis sa création par le ministre de la Culture en 1982, la **Fête de la musique** (le 21 juin) est un temps de rencontre.

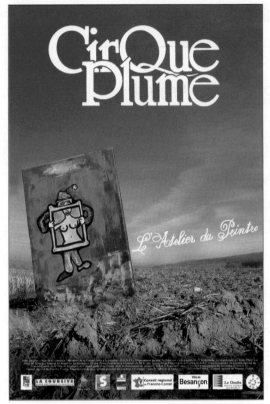

Affiche d'une compagnie de nouveau cirque.

Pratiques culturelles en amateur

Les Français sont :
10 % à jouer d'un instrument de musique ou à chanter ; 32 % à pratiquer l'écriture, la peinture, l'artisanat, le théâtre, le dessin ou la danse régulièrement ou de temps en temps.

• La lecture

Le nombre de livres lus diminue, mais la lecture reste un loisir pratiqué et **valorisé**. D'une part, les **bibliothèques-médiathèques** municipales sont gratuites (ou peu coûteuses) et fréquentées (un tiers des Français y vont au moins une fois dans l'année). D'autre part, des collections bon marché (le livre à deux euros par exemple) connaissent un réel succès. Que lit-on ? D'abord de la **littérature**, mais les livres d'actualité, qui complètent l'information des médias, les BD, les livres pour la jeunesse ont de plus en plus de succès.

• Le baby-boom de la vie associative

La loi de 1901 a reconnu le **droit d'association***. En 2009, 13 millions de **bénévoles*** ont participé, pendant leur temps libre, aux activités de 1 100 000 associations : dans le domaine culturel et sportif, mais aussi dans des associations de solidarité (les Restaurants du Cœur*, S.O.S. villages d'enfants, Amnesty International, etc.) ou liées à l'environnement.

Les « Restos du Cœur ».

1 Chez vous, le cirque est-il un spectacle apprécié des adultes ?

_____

2 Dans le tableau ci-dessous, quels musiciens et chanteurs français ou francophone connaissez-vous ?

Bizet	Céline Dion
Debussy	Patricia Kass
Ravel	Manu Chao
Poulenc	Johnny Hallyday
Boulez	Francis Cabrel

3 En connaissez-vous d'autres ?

_____

_____

4 Pour développer la lecture, des initiatives nouvelles ont été imaginées : trouvez leur nom.

Une collection de livres bon marché.

Un endroit où on boit, mange et lit les livres mis à disposition.

Un camion-bibliothèque qui vient prêter des livres dans les villages.

Les enfants d'école primaire viennent lire des histoires aux enfants d'école maternelle.

Une journée nationale de la lecture.

Le Bibliobus.

Le café littéraire.

Lire en fête.

La lecture par les plus grands.

Le livre à deux euros.

5 Quelle initiative vous semble la plus intéressante ?

_____

_____

6 Votre pays connaît-il, lui aussi, un « boom » associatif ? Si oui, dans quel domaine ?

_____

4

LES MÉDIAS

LA TÉLÉVISION

3 h 28 : c'est le temps moyen passé devant la télévision (sur ce temps, 2 h 07 sans faire autre chose). Les Français jugent sévèrement une télévision… qu'ils regardent pourtant quotidiennement ! On compte sept grandes chaînes. Quatre appartiennent au **service public*** : **France 2**, **France 3**, **France 5** et **Arte** (chaîne culturelle franco-allemande). Trois sont privées : **TF1**, qui est la chaîne la plus regardée, **M6**, et **Canal +**, qui est une chaîne payante. En France, dès 2006, 200 chaînes sont disponibles sur le câble ou le satellite. Mais, de plus en plus, le nombre d'abonnés au satellite augmente aux dépens du nombre d'abonnés au câble. Il faut ajouter à ces offres celles proposées par les fournisseurs d'accès Internet. Le passage à la télé numérique (TNT) se fait progressivement région par région depuis 2009 et se terminera le 30 novembre 2011.

Les émissions qui attirent le plus de téléspectateurs sont le journal télévisé, puis les fictions, les sports, les films, les magazines et les jeux. Une nouvelle forme d'émission est apparue, la **télé-réalité**, qui apporte un moment de célébrité à des gens ordinaires présentant à l'écran leur vie ordinaire. La télévision est présente dans presque tous les foyers (98 % en 2008), et environ 51 % d'entre eux possèdent au moins deux téléviseurs. En janvier 2009, la publicité a été supprimée sur les chaînes publiques.

La consommation des programmes à la télé (en heures).	
Émissions de fiction	263
Magazines et documentaires	207
Journaux télévisés	146
Jeux	103
Publicité	92
Films	56
Variétés	53
Sport	47
Émissions pour la jeunesse	32
Autres	44

Source : *Francoscopie*, 2010.

LA RADIO

La radio est souvent allumée dans les maisons et dans les voitures : en moyenne, on l'écoute 2 h 20 par jour en semaine. Elle accompagne souvent une autre activité : on écoute les informations le matin en se levant, de la musique en cuisinant, etc. Jusqu'en 1982, la radio était un **monopole d'État**. À côté des **radios du service public** (France-Inter, France-Culture, RFI, France-Info…) il existait seulement quelques **radios périphériques** (RTL, RMC et Europe1). Depuis 1982, les **radios commerciales privées** sont autorisées. Elles s'adressent en général à des publics diversifiés (stations destinées aux jeunes, par exemple) et représentent les deux tiers de l'audience.

1 TV5, chaîne diffusée hors de France, présente des émissions françaises. Connaissez-vous certaines d'entre elles ?

_____

_____

_____

2 À votre avis, y a-t-il des différences, en France, entre une chaîne de télévision du service public et une chaîne de télévision privée ?

_____

_____

_____

3 La chaîne culturelle franco-allemande est-elle une chaîne privée ?

_____

_____

_____

_____

LA TÉLÉVISION ?
JE NE LA REGARDE
JAMAIS, SAUF
JUSTEMENT
HIER SOIR.

Alain Schifres, _Les Hexagons_, Paris, Laffont, 1994.

4 Peut-on dire que les Français écoutent autant la radio qu'ils regardent la télévision ?

_____

_____

_____

5 La radio occupe-t-elle chez vous une place comparable à celle qu'elle occupe en France ?

_____

_____

_____

6 Pourquoi dit-on en France que les médias sont le « quatrième pouvoir » ? (voir _Qui gouverne ?_ page102).

_____

_____

_____

LA PRESSE

• Les quotidiens

La lecture des **quotidiens** (journaux qui paraissent chaque jour) est en baisse en France, peut-être en raison de leur prix. En Europe, seuls les journaux italiens et les journaux suisses sont plus chers. Il existe des quotidiens **nationaux** (les principaux sont *L'Équipe*, *Le Parisien*, *Le Monde*, *Le Figaro*, *Libération*, *Les Échos*, *France-Soir*, *La Croix*, *L'Humanité*). Ils sont lus régulièrement par un peu moins d'un Français sur cinq. Il existe

Les quotidiens payants les plus lus
1. Ouest-France
2. L'Équipe
3. Le Parisien/Aujourd'hui
4. Le Figaro
5. Le Monde
6. La Voix du Nord
7. Libération

aussi des quotidiens **régionaux**, lus par quatre Français sur dix. Les principaux titres régionaux sont *Ouest-France*, *Le Parisien*, *La Voix du Nord*, *Le Progrès*, *Le Dauphiné libéré*. L'arrivée des quotidiens gratuits (*20 minutes*, *Metro*, *Direct-matin* et *Direct-soir*), distribués dans les grandes villes, a suscité des polémiques et commence à changer les habitudes de lecture.

• Les magazines

Si les Français lisent moins de quotidiens que dans d'autres pays d'Europe, ils lisent, en revanche beaucoup plus de **magazines** (journaux hebdomadaires ou mensuels), en général à la maison mais aussi chez des amis et dans les salles d'attentes ou les salons de coiffure. Les plus lus sont les magazines d'**actualité** (*Paris-Match*, *Le Nouvel Observateur*, *L'Express*), les magazines concernant la télévision (*TV magazine*, *Télé 7 jours*), les magazines **féminins** et **familiaux** (*Femme Actuelle*, *Top Santé*), et aussi les magazines **thématiques** concernant l'automobile, la décoration, la maison et le jardin, les loisirs. Les magazines destinés à différentes **tranches d'âge** (*Notre Temps* pour les seniors, *Phosphore* pour les jeunes) connaissent aussi un certain succès.

1 Observez le tableau 1. Que remarquez-vous ?

_____

_____

2 Polémique autour des gratuits

« Les gratuits ? Pour rien, t'as pas grand-chose ! Ce sont des journaux qui dépendent entièrement de la publicité. Aucun commentaire, aucune analyse, juste des dépêches d'agences de presse. Ces journaux ont volé des lecteurs aux quotidiens payants qui ont déjà du mal à vivre. »

Claude, journaliste

« Pourquoi payer un journal si on peut l'avoir gratuitement ? Le lecteur des gratuits est décrit comme "le jeune urbain, actif, âgé de 18 à 34 ans". Ce jeune urbain a également une autre caractéristique bien particulière, il perd son temps dans le métro : "Je n'ai rien à faire pendant mon trajet donc je le prends, ce journal." »

Source : le petit blog de la Presse gratuite
(www.lapressegratuite.com)

Quel est le point de vue du texte 1 ? _____

_____

Quel est le point de vue du texte 2 ? _____

_____

3 Et vous, qu'en pensez-vous ?

_____

_____

4 Les Français lisent peu de quotidiens nationaux. Le prix des journaux est une des raisons. Y en a-t-il d'autres à votre avis ?

_____

_____

5 La situation est-elle la même chez vous ?

_____

_____

6 En ce qui concerne la presse, qu'est-ce que les préférences des Français, vous apprennent sur eux ?

_____

_____

5

LES AMIS, LES VOISINS

En France, comme dans la plupart des pays, les relations sociales dépendent beaucoup du travail qu'on fait, du lieu où on habite et de ce qu'on fait de son temps libre. Mais tout dépend aussi de l'âge qu'on a.

L'ÂGE ET LES RELATIONS SOCIALES

La **jeunesse** est le temps des **copains**. Le phénomène nouveau est que la jeunesse dure de plus en plus longtemps ! Aujourd'hui, à 19 ans, 70 % des jeunes continuent leurs études. Et le nombre de relations amicales est plus important pour ceux qui vont encore à l'école que pour ceux qui travaillent. Avec qui est-on ami ? Au collège, les enfants ont des amis de milieux sociaux différents. Dix ans après la fin du collège, ce mélange social se réduit.

Le temps de l'adolescence.

À l'**âge adulte**, l'entrée dans le monde du travail – pour ceux qui ont un emploi – et la naissance d'un enfant modifient les contacts sociaux. Fini le temps des longues discussions au café ! C'est le temps des nouvelles relations de travail ; c'est aussi un moment où on est moins disponible. En moyenne, les cadres et les professions intellectuelles ont plus d'**interlocuteurs** – de gens à qui parler – que les artisans. Les ouvriers sont ceux qui ont les liens les plus étroits avec leur famille large.

Après la **retraite**, les liens sociaux changent encore : les **relations**, ce sont les parents proches, les voisins, les commerçants du quartier. Pour certains «nouveaux retraités*» qui voyagent ou animent des associations, les relations sociales sont plus nombreuses.

LE VOISINAGE

On communique davantage avec ses voisins dans les petites communes que dans les villes moyennes ou grandes. En ville ou en banlieue, on ne se parle pas forcément parce qu'on habite le même immeuble. Cependant, une **vie de quartier** existe souvent.

1 En France, quel rapport y a-t-il entre l'âge qu'on a et les gens qu'on choisit de fréquenter ?

_____

_____

2 Est-ce la même chose chez vous ?

_____

3 À l'âge adulte, les amis appartiennent en général à des milieux sociaux proches, et aux mêmes catégories : les hommes sont amis avec les hommes, les employés avec les employés, les trentenaires avec les trentenaires, etc. À votre avis, pourquoi le mélange social se réduit-il ?

_____

_____

_____

4 Les « nouveaux retraités » profitent de leur temps libre. Imaginez que vous êtes un « nouveau retraité » en France...

Comment votre vie est-elle organisée ? _____

_____

Quels sont vos projets avec vos amis, pour l'année prochaine ? _____

_____

5 Qu'est-ce qu'un ami ? À une enquête, des Français interrogés ont répondu :

« Un ami, c'est quelqu'un sur qui on peut compter en cas de besoin ».

Êtes-vous d'accord avec cette définition ? _____

_____

_____

6 Entre voisins, en France, c'est souvent « chacun chez soi ». Cette expression signifie :

	Oui	Non
Il ne faut pas s'occuper de la vie des autres.		
Tout homme a droit à un logement.		
Un étranger est le bienvenu dans la maison.		

6 LES ANIMAUX DE COMPAGNIE

Les Français aiment beaucoup les animaux de compagnie qui font partie de leur vie quotidienne. En 2008, 51,2 des ménages en France possèdent des animaux domestiques, essentiellement des **chats**, des **chiens** (18,5 millions) et des **oiseaux**. Les étrangers sont parfois surpris de trouver des rayons entiers d'aliments pour animaux dans les supermarchés ! Dans les villes, il y a des **espaces aménagés** pour les chiens et il existe des lois qui obligent les propriétaires d'animaux à faire attention à la propreté des rues. On aime les animaux… mais on les abandonne parfois, spécialement lors des départs en vacances.

Bande dessinée de Joann Sfar,
Le Chat du Rabbin, *Dargaud, 2002.*

Des associations défendent les animaux domestiques (par exemple la Société protectrice des animaux, la **SPA**). Ces animaux sont souvent un moyen de lutter contre la solitude, en particulier chez les personnes âgées.

Publicité de la mairie de Paris
pour la propreté des rues.

LES NAC

Depuis quelques années, on assiste à un phénomène de mode nouveau : l'apparition des « nouveaux animaux de compagnie » – les NAC – dans les maisons. Il s'agit d'animaux exotiques qu'on admire généralement dans les zoos : serpents, iguanes, bébés tigres, singes… Ce phénomène pose un certain nombre de problèmes. Par exemple, ces animaux ont besoin d'espaces souvent plus vastes qu'un appartement et d'un climat plus chaud que celui de la France. Et il y a aussi des dangers : que faire si un serpent s'enfuit chez votre voisin ? De plus, soigner ces animaux demande des savoir-faire particuliers.

ACTIVITÉS

1 Que pensez-vous de la proportion habitants/animaux de compagnie en France ?

_____

_____

_____

2 Dans votre pays, les animaux domestiques sont-ils présents dans la vie quotidienne ?

_____

_____

3 Si oui, quels sont les animaux de compagnie dans votre pays ?

_____

_____

4 Que pensez-vous du phénomène des NAC ?

_____

_____

_____

5 Observez la publicité en bas de la page 100. À votre avis, pourquoi la Mairie de Paris propose-t-elle une publicité aussi violente ?

_____

_____

_____

6 En France, il vaut mieux être chien que cheval, chat que vache et rat que lapin. Pourquoi ?

_____

_____

_____

_____

_____

Une boucherie chevaline, un commerce en voie de disparition.

1 QUI GOUVERNE ?

Depuis 1792, la France a eu cinq **Républiques**. Chaque République se donne une nouvelle **Constitution**. La Constitution actuelle date de 1958. Elle repose sur le principe de la « séparation des trois pouvoirs » : le pouvoir exécutif, le pouvoir législatif et le pouvoir judiciaire.

Fronton républicain.

LE POUVOIR EXÉCUTIF

Le pourvoir exécutif est le pouvoir d'appliquer les lois.

Le **Président** est le chef de l'État. Il est élu, depuis 1962, au **suffrage universel direct*** et, depuis 2002, pour cinq ans : il s'agit du **quinquennat**. L'actuel président de la République française est Nicolas Sarkozy, qui a été élu en 2007. Le rôle du président de la République est de veiller au respect de la Constitution et de garantir **l'indépendance** et **l'intégrité** de la France. Il est aussi le chef des Armées. Ses principaux pouvoirs consistent à :

– nommer le Premier ministre et accepter son gouvernement ;

– présider le conseil des ministres ;

– promulguer les lois ;

– dissoudre l'Assemblée nationale ;

– décider des interventions militaires ;

– décider du droit de grâce.

Le Premier ministre mène la politique du gouvernement, qui travaille en étroite collaboration avec le président de la République. Ensemble, ils assurent le pouvoir exécutif. Le Président réside au **palais de l'Élysée,** et le Premier ministre à l'**hôtel Matignon**, à Paris.

> **Promulguer une loi** : transformer une proposition de loi en texte de loi.
> **Dissoudre** : mettre fin avant la date légale.
> **Droit de grâce** : le Président peut annuler la peine d'un condamné ou la transformer en une peine moins forte.
> **Quinquennat :** présidence d'une durée de 5 ans (depuis 2002).

> ■ **La cohabitation**
>
> On parle de cohabitation lorsque le président de la République n'est pas du même parti politique que le Premier ministre. La première cohabitation a eu lieu en 1986 sous la présidence de François Mitterrand.

Les élections présidentielles sont organisées en deux tours :
• pour être élu au premier tour, il faut obtenir la majorité absolue (50 % des voix + 1)
• si aucun candidat n'a obtenu la majorité absolue, on organise un second tour. Seuls les deux meilleurs candidats du premier tour peuvent se présenter au second tour. Le candidat élu est celui qui a obtenu le plus grand nombre de voix (majorité relative).

1 **Qui fait quoi ?**

QUI ?	QUOI ?
Le Président	
Le Premier ministre	
Le gouvernement	

2 **En France, comment est élu le président de la République ?**

_____

_____

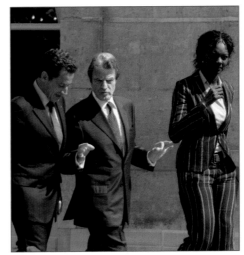

Le président de la République, Nicolas Sarkozy, et deux membres du gouvernement, Bernard Kouchner et Rama Yade.

3 **Que signifie le terme « cohabitation » ?**

_____

_____

_____

_____

4 **Associez un terme de la liste A avec un terme de la liste B.**

A			B
Premier ministre	●	●	Chef de l'État
Gouvernement	●	●	Ministres
Chef des Armées	●	●	Élections
Président	●	●	Président
Suffrage universel	●	●	Hôtel Matignon

5 **Dans votre pays, comment le pouvoir gouvernemental est-il organisé ?**

_____

_____

_____

_____

_____

_____

LE POUVOIR LÉGISLATIF

C'est le pouvoir de faire les lois.

Le pouvoir législatif est assuré par le **Parlement**. Le Parlement se compose de deux chambres : **l'Assemblée nationale** (appelée Hémicycle pour sa forme en demi-cercle) et le **Sénat**. L'Assemblée nationale compte actuellement **577 députés** élus au suffrage universel direct pour cinq ans. Elle représente le **peuple**. Le Sénat, qui représente les **collectivités locales***, se compose de 331 sénateurs élus au **suffrage universel indirect*** pour six ans. L'Assemblée nationale et le Sénat travaillent séparément, mais, lorsqu'il s'agit de modifier la Constitution, ils travaillent ensemble. Le siège de l'Assemblée nationale est au **palais Bourbon**, celui du Sénat au **palais du Luxembourg**, à Paris.

L'Assemblée nationale.

L'ÉLABORATION D'UNE LOI

L'initiative d'une loi appartient au Premier ministre – **projet de loi** – ou aux députés – **proposition de loi**. Le projet ou la proposition de loi sont discutés à l'Assemblée nationale, le texte est ensuite transmis au Sénat, qui peut le modifier. Les discussions entre l'Assemblée nationale et le Sénat peuvent être très longues : pour adopter une loi, les deux chambres doivent tomber d'accord. C'est enfin le président de la République qui promulgue la loi (voir page 98).

Le palais du Luxembourg, siège du Sénat.

1   Faites la liste des informations dont vous disposez sur l'Assemblée nationale et le Sénat.

Assemblée nationale	Sénat

2   Quelle est la différence entre « proposition de loi » et « projet de loi » ?

_____
_____
_____
_____
_____

3   À partir de quel moment une loi peut-elle être adoptée ?

_____
_____
_____
_____

4   Chassez l'intrus :

Assemblée nationale - palais Bourbon - députés - sénateurs

Sénat - collectivités locales - palais du Luxembourg - jardin

Parlement - pouvoir législatif - chambre - pièces

loi - projet - proposition - dessin

5   Comment sont élaborées les lois dans votre pays ?

_____
_____
_____
_____

LE POUVOIR JUDICIAIRE

C'est le pouvoir de rendre la justice.

Le pouvoir judiciaire est exercé par des **magistrats**. Ces magistrats sont également appelés **juges**. Le pouvoir judiciaire français est très complexe. Les grands principes démocratiques de la justice remontent au siècle des Lumières (XVIIIe)

> *Tout citoyen doit être jugé selon la même procédure et sans discrimination d'ordre raciale, religieuse, politique ou culturelle.*
>
> Préambule de la Constitution du 27 octobre 1946.

et au **Code Napoléon** (1804). Ce sont la Révolution et Napoléon qui sont à l'origine du droit moderne.

Parmi les principes judiciaires français, les plus importants sont :

– **l'indépendance** de la justice : les juges sont indépendants dans l'exercice de leurs fonctions. Cela tient à la séparation des trois pouvoirs (voir page 98) ;

– **la présomption d'innocence** : tant que les preuves de culpabilité ne sont pas apportées, une personne est déclarée innocente. Cela signifie qu'on ne peut pas garder quelqu'un en prison s'il n'est pas jugé coupable ;

– **l'égalité et le libre accès à la justice** : tous les citoyens sont égaux devant la loi. De plus, la justice en France est gratuite, c'est-à-dire que les personnes défavorisées bénéficient d'une aide ;

– **la justice est publique** : les audiences des tribunaux sont ouvertes à tous. Ce principe permet aux citoyens de se rendre compte du bon fonctionnement de la justice.

Magistrates au Palais de Justice.

1 À quelle période historique remontent les principes du droit moderne?

_____

_____

_____

_____

2 Quels sont les principes les plus importants de la justice française?

_____

_____

_____

_____

3 Pourquoi les magistrats français sont-ils indépendants?

_____

_____

_____

_____

4 Vrai ou faux?

	V	F
En France, la justice est gratuite.		
Le pouvoir judiciaire n'est pas indépendant.		
Le public peut assister aux audiences des tribunaux.		
« Juge » est un synonyme de « magistrat ».		
Les magistrats sont toujours des hommes.		
Les étrangers ne sont pas égaux aux Français devant la loi.		

5 Comment la justice est-elle organisée dans votre pays?

_____

_____

_____

_____

2

LA VIE CITOYENNE

LES PARTIS POLITIQUES

On oppose traditionnellement les partis de droite aux partis de gauche. Si cette opposition est parfois trop simple, elle reste utile pour comprendre la vie politique en France. À **droite**, le principal parti s'est formé à l'occasion des élections présidentielles d'avril 2002. La plupart des partis de droite se sont alors réunis dans l'Union pour la Majorité présidentielle (**UMP**). En dehors de ce rassemblement, existe aussi l'**UDF** (Union pour la Démocratie française). Un parti centriste, le Mouvement Démocrate (**MoDem**), est né depuis peu. L'extrême droite est essentiellement représentée par le Front national (**FN**). À gauche, le Parti socialiste (**PS**) est le parti le plus important en nombre d'adhérents. **Les Verts** (parti écologiste), longtemps minoritaires, ont pris de l'importance. Le Parti communiste (**PCF**), puissant pendant des décennies, a aujourd'hui moins d'influence. **Le Parti de Gauche**, récemment créé, est un petit parti. Il existe également une extrême gauche, très minoritaire mais active (le **NPA**, Nouveau Parti anticapitaliste, et **LO**, Lutte ouvrière)

LES SYNDICATS

L'action syndicale a beaucoup amélioré les conditions de travail. Mais, paradoxalement, les Français sont les salariés les moins syndiqués d'Europe (7 % de syndiqués). Les principales centrales syndicales de salariés sont la **CGT** (Confédération générale du travail), la **CFDT** (Confédération française démocratique du travail) et **FO** (Force ouvrière). Les patrons, eux, sont représentés essentiellement par le **Medef** (Mouvement des entreprises de France).

LES ASSOCIATIONS

Le **mouvement associatif** est important en France. Si un grand nombre d'associations s'occupent d'activités sportives et culturelles, d'autres se préoccupent de questions politiques locales ou nationales qui ne sont pas toujours considérées par les partis ou les syndicats.

Manifestation d'associations en décembre 2002.

1 Vrai ou faux ?

	V	F
Il existe plusieurs partis de droite		
La gauche française est unie en un seul parti.		
La plupart des salariés sont syndiqués.		
Toutes les associations ont un projet politique.		
Les associations politiques ne s'occupent que de problèmes locaux.		

2 Comparez le paysage politique français avec celui de votre pays. (Pour compléter le texte de la page 108, vous pouvez consulter http://www.france-politique.fr/partis-politiques.htm)

_____
_____
_____

3 Pourquoi le pourcentage de salariés syndiqués en France est-il paradoxal ?

_____
_____
_____

4 Observez la photo de la page 108. À votre avis, il s'agit d'une manifestation contre :

• la commercialisation de la fête de Noël. _____

• la vente en France de jouets étrangers. _____

• les conditions de travail de ceux qui fabriquent les jouets dans les pays pauvres. _____

5 Que signifie le slogan écrit sur la pancarte « exigeons des jouets 100 % droits de l'homme » ?

_____
_____
_____

6 Une manifestation de ce type pourrait-elle avoir lieu chez vous ?

_____
_____
_____

3

FAMILLES

Quand on parle de « sa » famille aujourd'hui, en France, on parle essentiellement des gens avec qui on vit, même si les « fêtes de famille » et les « repas de famille » rassemblent parfois un groupe plus large de parents. Une famille, c'est donc deux personnes au moins, vivant ensemble dans la même maison. 70 % des Français sont dans cette situation. En trente ans, les manières de vivre ensemble ont beaucoup changé.

VIVRE EN COUPLE

• Le mariage

Le mariage reste le mode de vie commune le plus courant même s'il ne cesse de baisser. En 2006, 274 400 mariages ont été célébrés, soit 8 000 de moins qu'en 2005. On se marie tard : 29,5 ans en moyenne pour les femmes, 31 ans pour les hommes. Avant de se marier, on vit souvent ensemble – en **union libre*** – sans engagement officiel. Le mariage légal est un mariage **civil**, célébré à la mairie. Le mariage **religieux**, qui peut avoir lieu ensuite, est devenu moins fréquent : moins d'un couple sur deux se marie aujourd'hui à l'église. Le mariage est l'occasion d'une fête. Tradition- nellement, les mariés reçoivent des

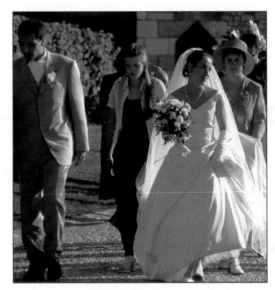

Après la cérémonie…

cadeaux, souvent choisis sur une liste établie par eux à l'avance : **la liste de mariage**. Certains préfèrent se faire offrir un voyage par l'ensemble de leurs invités.

• L'union libre

Jusqu'à l'âge de 26 ans pour les femmes et de 28 ans pour les hommes, les couples qui vivent en **cohabitation** sont plus nombreux que les couples mariés. Mais l'union libre* n'est pas seulement une situation provisoire avant le mariage. Beaucoup de couples préfèrent ce mode de vie et, en 2008, 52 % des enfants sont nés hors mariage.

• Le Pacs

Le pacte civil de solidarité (Pacs), voté en 1999, est un **contrat** passé entre deux per- sonnes, de même sexe ou de sexe opposé. Plus de 14 000 Pacs ont été signés en 2008. Les couples **pacsés** bénéficient de droits sociaux proches des droits des couples mariés. On compte aujourd'hui un Pacs pour deux mariages.

1 Comment définit-on aujourd'hui une famille en France ?

_____

2 La plupart des Français vivent-ils en famille ?

_____

3 En France, à quelles occasions ont lieu les « réunions de famille » ?

_____

4 Et chez vous, quand y a-t-il des « réunions de famille » ?

_____

5 Quelles sont les principales caractéristiques du mariage en France ?

_____

_____

6 Est-ce différent chez vous ?

_____

7 Une annonce dans le journal _Le Monde_.

Vous souhaitez annoncer votre mariage de manière originale mais les tarifs limitent votre lyrisme.
Vous disposez d'un budget de 180 euros et chaque ligne de 25 caractères coûte 15 euros.
Rédigez votre annonce.

Quelques exemples de formules

X et Y font le grand saut…
X et Y ont la joie d'annoncer…
X et Y sont heureux de faire part de…
X et Y se marient…
X et Y vont vous étonner…

LES « NOUVELLES FAMILLES »

• Les familles monoparentales

Dans une famille monoparentale, un adulte (souvent la mère) vit seul avec ses enfants. C'est le cas après un **divorce**, après la mort du **conjoint**, ou quand un adulte **célibataire** élève seul un enfant. Le nombre de ces familles est en augmentation, et en France, aujourd'hui, plus d'un enfant sur dix vit dans une famille de ce type. Les familles monoparentales sont les familles qui ont le plus de difficultés financières. L'état leur verse une **allocation de parent isolé***, variable selon les ressources.

• Divorce et familles recomposées

Le nombre des **divorces** augmente : 50 % des mariages en France se terminent par un divorce. La plupart des divorcés créent ensuite une nouvelle famille. On parle de famille **recomposée** quand les enfants du nouveau mariage vivent avec leurs **demi-frères** et **demi-sœurs**. C'est parfois une famille nombreuse.

LES RÔLES DANS LA FAMILLE

Aujourd'hui, la plupart des femmes travaillent. Le partage des décisions dans la famille est devenue plus **égalitaire**, mais le partage des travaux domestiques reste encore inégal. L'écart entre les hommes et les femmes se réduit… un peu : entre 1975 et 1986, les hommes ont augmenté de 11 minutes le temps consacré au travail domestique. En 1999 (dernière statistique disponible), les femmes actives passaient chaque jour 3 h 48 à s'occuper de la maison, les hommes actifs, 1 h 59.

Publicité pour un catalogue de meubles.

1   Il existe dans la France actuelle plusieurs « types » de familles. Lesquels ?

_____

_____

_____

2   Quelles sont les différences essentielles entre les formes de la famille en France et les formes les plus habituelles de la famille chez vous ?

_____

_____

3   Lisez le texte ci-dessous : quels sont les rapports des parents avec leurs enfants adultes ?

> ### Racines
> « À la retraite, nous irons habiter près de Nantes, pour nous rapprocher de notre fille. »
> La véritable attache n'est plus la terre des ancêtres, c'est le foyer des petits-enfants. Ce n'est pas la tombe où l'on ne va plus, c'est la rue de la maternelle.
>
> Claude Habib, _France : les révolutions invisibles,_
> Calmann-Lévy, 1998

_____

_____

_____

_____

_____

4   Chez vous, les parents vivent-ils souvent avec un de leurs enfants adultes ?

_____

5   « Français, encore un effort... »

À votre avis, parmi les tâches domestiques suivantes : le soin aux enfants, les courses, la cuisine, la vaisselle, le lavage du linge, le repassage, le bricolage, le ménage, le jardinage, les soins aux animaux, quelles sont :

les deux tâches que les hommes, en France, font le plus volontiers	les deux tâches que les hommes, en France, font le plus rarement

6   La publicité de la page 112 vous semble t-elle représentative de l'activité domestique des pères en France ? Pourquoi ?

_____

_____

_____

L'ÉTAT ET LA FAMILLE

Groupe d'enfants dans une crèche.

Dans une France qui vieillit, pour encourager les familles à avoir des enfants, l'État met en place une **politique familiale**. Tout d'abord, la loi reconnaît l'égalité des droits entre les enfants nés dans et hors mariage. Ensuite, l'État apporte des aides financières aux familles. Enfin, certaines dispositions facilitent l'organisation de la vie des parents qui travaillent.

• Les aides financières

Toutes les familles d'au moins deux enfants reçoivent des **allocations familiales*** (en 2009, environ 124 euros par mois pour deux enfants, 284 euros pour trois enfants), jusqu'aux vingt ans de l'enfant. D'autres aides sont attribuées, plus ou moins importantes selon le revenu : une réduction d'**impôt** sur le revenu, une **allocation logement**, une **allocation de rentrée scolaire**. L'**allocation parentale d'éducation*** (environ 552 euros en 2009) est versée pendant trois ans à l'un des deux parents qui s'arrête de travailler pour élever son enfant. C'est la mère, plus souvent que le père, qui fait ce choix.

• Vie familiale et vie professionnelle

Le **congé de maternité*** permet à la femme de s'arrêter de travailler en conservant son salaire. Ce congé commence six semaines avant l'accouchement et se termine dix semaines après. Il est un peu plus long s'il s'agit du troisième enfant. Depuis 2002, les pères bénéficient eux aussi d'un congé de quinze jours lors de la naissance d'un enfant. Quand les parents travaillent, le problème le plus difficile est celui de la garde des jeunes enfants. Les **crèches*** collectives municipales accueillent peu d'enfants. Les familles confient souvent leurs bébés, pendant la journée, à des **assistantes maternelles*** qui gardent plusieurs enfants à leur domicile. Une autre solution, coûteuse, consiste pour les parents à employer chez eux une **garde d'enfant**. Dans ce cas, l'État peut verser aux familles une aide financière.

1 Pourquoi l'État a-t-il une politique familiale ?

_____

_____

2 Comment l'État aide-t-il les familles ?

_____

_____

3 Les aides financières sont-elles les mêmes pour toutes les familles ?

_____

_____

_____

4 En France, comment est-il possible, pour les parents de jeunes enfants, de concilier vie professionnelle et éducation des enfants ?

_____

_____

5 Vous êtes un Français ou une Française de trente-deux ans. Vous décidez, en accord avec votre femme ou votre mari, de prendre un congé parental d'un an et de rester à la maison pour élever votre deuxième fille qui vient de naître. Vos collègues, informaticiens comme vous, ont du mal à comprendre. Vous essayez de leur expliquer votre décision. Que leur dites-vous ?

_____

_____

_____

_____

_____

6 Faites une liste des différences qui existent entre la politique familiale de votre pays et celle de la France actuelle.

_____

_____

_____

_____

4

L'ÉCOLE

Les Français vont à l'école dès leur plus jeune âge! Le système scolaire français est compliqué et le rythme est assez dur. Généralement, on reste à l'école de 8 h 30 du matin jusqu'à la fin de l'après-midi, mais le mercredi, on se repose. Toutes les six semaines, les élèves ont quinze jours de vacances (voir page 54).

Sortie de lycée.

▌ LES PRINCIPES

Depuis la Révolution de 1789, l'enseignement est public et comporte **trois degrés** : l'enseignement primaire, l'enseignement secondaire et l'enseignement supérieur. En 1882, Jules Ferry – ministre de l'Éducation nationale de la IIIe République – fait voter des lois sur **l'obligation scolaire**, la **laïcité*** (l'Église est exclue de l'organisation de l'enseignement) et la **gratuité** de l'école. Aujourd'hui, ces principes sont encore à la base de l'enseignement, même s'ils ont quelque peu évolué. Par exemple, l'obligation scolaire est passée de 12 à 16 ans et la gratuité est complète dans l'enseignement primaire et dans l'enseignement secondaire. Dans l'enseignement supérieur (l'université), les étudiants paient des **droits d'inscription** qui sont peu élevés par rapport à d'autres pays européens. Le système des **bourses* d'études** permet à certains étudiants de s'inscrire à l'université sans rien payer.

> *En France, existent aussi des établissements privés : un élève sur six est scolarisé dans ce système. Ces établissements sont payants et, dans la majorité des cas, catholiques. Certains sont sous contrat avec l'État, c'est-à-dire qu'ils suivent les programmes des établissements publics et que l'État prend en charge le salaire des enseignants.*

1 Vrai ou faux ?

	V	F
En France on va à l'école le matin.		
L'enseignement primaire est gratuit.		
L'enseignement supérieur est gratuit.		
L'école est obligatoire jusqu'à 14 ans.		
La laïcité veut dire que toutes les religions sont présentes à l'école.		
Les écoles privées sont les plus nombreuses.		
Les bourses sont des aides financières.		

2 Les études françaises s'organisent en degrés. Quels sont ces degrés ?

_____

_____

_____

3 Comment l'école est-elle organisée chez vous ?

_____

_____

_____

4 Y a-t-il une éducation religieuse dans les écoles en France ?

_____

_____

_____

5 Y a-t-il une éducation religieuse à l'école dans votre pays ?

_____

_____

6 Dans votre pays, la scolarité est-elle gratuite ou payante ?

_____

_____

L'ORGANISATION SOCIALE

DE LA MATERNELLE AU LYCÉE

Pour les enfants de 3 à 17 ans, le système scolaire français est composé de deux niveaux généraux : le premier degré et l'enseignement secondaire.

• Le premier degré

L'école maternelle n'est pas obligatoire et concerne les enfants de 3 à 5 ans (certaines écoles acceptent les enfants dès 2 ans). La maternelle comprend la petite, la moyenne et la grande section, qui fait le lien avec l'école primaire.

L'école primaire concerne les enfants de 6 à 10 ans. C'est ici que les petits Français commencent à lire, à écrire, à compter… Elle est organisée de la façon suivante : un an de cours préparatoire (CP), deux ans de cours élémentaire (CE) et deux ans de cours moyen (CM).

Dans la cour de récréation.

• L'enseignement secondaire

Le collège concerne les élèves de 11 à 14 ans (classes de 6e, 5e, 4e et 3e). À la fin du collège, les élèves passent le **brevet** des collèges. C'est à ce moment qu'on décide de l'**orientation** des élèves : ils peuvent continuer leurs études générales au lycée, ou aller dans un lycée professionnel qui les prépare à des diplômes techniques. Ces diplômes sont : le **BEP** (brevet d'enseignement professionnel), le **CAP** (certificat d'aptitude professionnelle) et le **Bac pro** (baccalauréat professionnel). En France, cette orientation n'est pas encore très valorisée.

Le lycée concerne les élèves de 15 à 18 ans (classes de 2nde, de 1re, de terminale) et mène au **baccalauréat** (le bac). Il y a différents types de bac généraux : le bac L est le bac à orientation littéraire, le bac S à orientation scientifique, le bac ES à orientation économique et sociale, etc. Le bac permet de continuer les études dans l'enseignement supérieur à l'université.

1 À quel âge les enfants commencent-ils à être scolarisés en France ?

Les enfants en France commencent l'école quand ils ont 3 ans.

2 Quels sont les diplômes que les élèves obtiennent à la fin du collège et à la fin du lycée ?

Les élèves obtiennent la diplôme de BREVET, et ils obtiennent la diplôme de BACCALAURÉ (aprés le lycée).

Taux de réussite au bac en 2009	
Bac général	88,8 %
Bac technologique	79,7 %
Bac professionnel	87,1 %
source : www.webchercheurs.com	

3 Qu'est-ce que permet le bac ? don't do

Les élèves obtiennent le bac aprés le lycée.

4 Dans votre pays, passe-t-on un examen à la fin de l'enseignement secondaire ? Que permet-il ?

Oui Dans les Étas-Unis, nous devons passer un examen à la fin de l'enseignement secondaire. Aprés le examen (SAT ou ACT), nous pouvons appliquer à l'universitéire.

5 Comparez l'organisation du lycée en France et l'équivalent dans votre pays.

En France	Dans votre pays
On commence à 15 ans...	On commence à 14 ans
On finit à 18 ans....	On finit à 17 ou 18 ans
Il y a différents types de bac	La diplôme est le même chose pour tout le monde

L'ENSEIGNEMENT SUPÉRIEUR

• Deux grandes orientations

L'enseignement supérieur public comprend deux types d'institutions : les **universités** et les **grandes écoles**. L'entrée à l'université est possible avec le bac, alors que, pour entrer dans les grandes écoles, il faut passer des **concours** difficiles. Les **classes préparatoires** (« classes prépa »), scientifiques, économiques ou littéraires, préparent en deux ans à ces concours. Quand un étudiant réussit son concours dans une grande école, à la fin de ses études, il trouve très facilement du travail. C'est dans ces écoles qu'on forme les **cadres supérieurs*** les plus recherchés. L'université permet en revanche un très **large choix de disciplines** et, à son niveau le plus élevé, forme des **chercheurs**.

• Les diplômes supérieurs

Les études supérieures durent entre deux et huit ans.

Dans les **IUT** (instituts universitaires de technologie), on passe le **DUT** (diplôme universitaire de technologie). Dans les classes de techniciens supérieurs, on passe un **BTS** (brevet de technicien supérieur). La durée des études est courte : deux ans. Ce sont des **études à finalité professionnelle**.

L'université, comme partout dans l'UE, a adopté le système universitaire européen (LMD) qui valide des diplômes au bout de trois, cinq ou huit ans d'études. À la fin de la troisième année, on peut obtenir une **licence** (L), à la fin de la cinquième, un **master** (M). Le master dure donc deux ans et conduit ensuite à une spécialisation professionnelle soit à la recherche. Le **doctorat** (D), qui suit le master est une recherche très détaillée qui dure de 3 à 4 ans et qui permet, par exemple, d'enseigner à l'université.

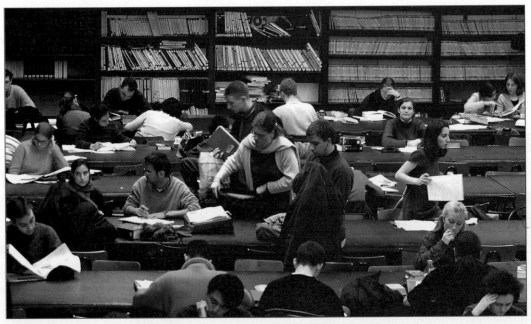

Bibliothèque de l'Institut de Sciences Politiques, à Paris.

A C T I V I T É S

1 Que veulent dire les sigles suivants ?

IUT :

DUT :

LMD :

BTS :

2 Quelle est la différence entre un élève et un étudiant ?

3 Quelles sont les différences entre l'université et les grandes écoles ?

université	grandes écoles

4 Actuellement, combien de temps les études supérieures durent-elles ?

5 Y a-t-il un avantage à avoir le même système d'études supérieures dans plusieurs pays ?

6 Comment l'enseignement supérieur est-il organisé dans votre pays ?

5

LE TRAVAIL

Après les **Trente Glorieuses** – 1945/1975 –, le monde du travail a beaucoup changé.

■ QUEL TRAVAIL ?

L'agriculture, premier secteur économique, et **l'industrie**, deuxième secteur économique, ont perdu beaucoup d'emplois. Le secteur des **services***, appelé aussi secteur **tertiaire**, s'est développé et occupe désormais plus de 75 % de la **population active***. Le tertiaire correspond à des emplois très divers, privés ou publics, qui demandent souvent des **qualifications** : le commerce, les banques, les assurances, le tourisme, l'immobilier, l'audiovisuel, les transports, les télécommunications, les loisirs, mais aussi un très important secteur public (5 millions de **fonctionnaires***) dans les domaines de la santé, de l'éducation, de l'action sociale, de la police, etc.

Catégories socioprofessionnelles en France, 2007 (en pourcentage de la population active)	
Catégories %	En 2007
– Agriculteurs, exploitants	2,1
– Artisans, commerçants, chefs d'entreprise	6,2
– Cadres[1] et professions intellectuelles supérieures	15,5
– Professions intermédiaires[2]	23,6
– Employés	29,8
– Ouvriers	22,8

1. les cadres : ceux qui encadrent d'autres salariés.
2. les professions intermédiaires sont entre les cadres et le personnel d'exécution (ouvriers, employés).

Source : Insee

■ QUI TRAVAILLE ?

La population active représente 40 % de la population nationale, soit environ 25,8 millions de personnes en 2009. La population d'**inactifs** s'explique ces dernières années par l'allongement de la scolarité, de l'âge légal du départ à la retraite – entre 60 et 65 ans – et de la disparition de certains emplois. Les femmes sont massivement entrées dans le monde du travail. En 2007, 65,3 % d'entre elles travaillaient. La France est le pays d'Europe où la différence entre l'activité féminine et l'activité masculine est la plus faible. Le travail à **temps partiel***, qui correspond rarement à un choix, est exercé par 29,4 % des femmes et seulement 5,8 % des hommes.

L'ordinateur, un outil de travail de plus en plus utilisé.

1   Quel rapport y a-t-il entre un médecin, un fleuriste, un garagiste, un policier, une postière ?

_____

2   Observez le tableau page 122 : que remarquez-vous ?

_____

_____

3   Les emplois du tertiaire sont souvent des emplois qualifiés. À votre avis, quelle conséquence cela a-t-il sur l'emploi ?

_____

_____

4

> La France produit environ 21 % de la valeur de la production agricole de l'Union européenne.
> Les agriculteurs représentent 2,1 % de la population active française.

Que pouvez-vous dire de l'agriculture française ? _____

_____

_____

5   Regardez dans le texte page 122 le pourcentage des hommes et des femmes qui travaillent à temps partiel en France. La différence vous paraît-elle importante ? Comment pouvez-vous l'expliquer ?

_____

_____

_____

6   « Français, encore un effort... »

En France, les femmes sont très présentes dans le monde du travail. Il y a pourtant deux métiers qu'elles exercent rarement. À votre avis, lesquels ?

● Médecin _____

● Chef d'entreprise _____

● Député _____

● Professeur _____

● Écrivain _____

■ L'ORGANISATION DU TRAVAIL

Avec le développement du tertiaire, les grandes entreprises n'ont pas disparu en France (sur les 200 plus gros groupes mondiaux, 20 sont français), mais beaucoup de salariés travaillent maintenant dans les petites et moyennes entreprises, les **PME*/PMI***. Dans ces structures, le travail permet souvent plus d'initiatives mais demande aussi plus de disponibilité de la part des salariés – la **flexibilité** – et les **syndicats,** qui négocient traditionnellement l'amélioration des conditions de travail, sont peu représentés.

Le travail devient plus rare et les salariés ont peur de le perdre. Dans ce contexte, que devient *Le bonheur au travail*? C'est le thème d'une grande enquête menée début 2003 auprès de 6 000 personnes par des sociologues dans toute la France (Baudelot et Gollac, Fayard, 2003).
Conclusion? le travail reste une valeur très importante (pas de bonheur sans travail) mais, dans une société concurrentielle, le stress ressenti au travail est de plus en plus grand et il est difficile, dans beaucoup de métiers, d'être heureux au travail.

En 1998, pour permettre la création de nouveaux emplois, la durée légale du travail est passée de 39 heures à **35 heures**. Cette loi « d'aménagement de la réduction du temps de travail » (**RTT***) est l'objet de polémiques. Cependant, les salariés qui travaillent 35 heures ne souhaitent pas, en général, recommencer à travailler davantage. Un salaire minimum, le **Smic***, est garanti : en 2010, il s'élève à environ 8,86 euros de l'heure. Depuis 1936, les salariés ont droit à des **congés payés*** (5 semaines par an aujourd'hui).

Des balayeurs parisiens.

■ LE CHÔMAGE

Le chômage fait partie des préoccupations des Français et de leur quotidien. Chaque petite ville, chaque quartier des grandes villes a son **ANPE** (agence nationale pour l'emploi), qui aide les **chômeurs**. Les sans-emplois représentent 9,8 % de la population active* – un taux moyen en Europe. Il y a aussi deux millions et demi de personnes environ qui occupent des emplois **précaires** : un « petit boulot* » sans sécurité d'emploi, un emploi **intérimaire** ou un **CDD*** (contrat à durée déterminée).

1 Qu'est-ce que ?

les PME :	un CDD :
les PMI :	la RTT :
le Smic :	l'ANPE :

2 Aujourd'hui, en France, en quoi les conditions de travail sont-elles différentes dans les grandes entreprises industrielles et les petites ?

3 À votre avis, pourquoi la loi sur l'aménagement et la réduction du temps de travail suscite-t-elle des polémiques ?

4 Observez la couverture du livre ci-contre. À votre avis, pourquoi ce dessin illustre-t-il cet ouvrage ?

Adret
Travailler
deux heures
par jour

5 Débat.

Travailler deux heures par jour, un rêve ? Non, disent les auteurs de l'ouvrage, à condition « d'être plus nombreux à travailler, de travailler autrement et de vivre autrement ». Qu'en pensez-vous ?

6 Presque partout en Europe, les actifs de moins de 25 ans sont particulièrement touchés par le chômage. En France, ils représentent environ 21 % des chômeurs. Quelle est la situation des jeunes actifs chez vous ?

LES NOUVEAUX MÉTIERS

• La révolution informatique

L'arrivée de l'informatique, à partir des années quatre-vingt, a bouleversé beaucoup de métiers et l'organisation du monde du travail. D'une part, l'emploi a augmenté dans les secteurs liés aux **nouvelles technologies**, avec deux conséquences majeures : l'apparition de nouveaux métiers (webmestre, concepteur et animateur de sites informatiques par exemple) et la difficulté, pour les personnes les moins qualifiées, à trouver du travail dans le secteur tertiaire. D'autre part, la possibilité de travailler à distance et de façon autonome a changé les entreprises. Dans de nombreux secteurs (télécommunications, assurances, banque, vente, architecture, journalisme, informatique, etc.), le **télétravail** s'est développé : 65% des grandes entreprises et 20% des PME demandent à leurs salariés de faire une partie de leur travail chez eux sur leur ordinateur. Mais surtout, les emplois sont devenus moins stables. Pour les entreprises, il est moins nécessaire aujourd'hui d'employer à plein temps des salariés permanents, car une partie du travail est réalisé à l'extérieur, en **sous-traitance***. Les contrats à durée indéterminée (les **CDI***) sont donc moins nombreux.

• De nouveaux besoins

Les nouveaux métiers qui apparaissent ne sont pas tous liés aux nouvelles technologies. Certains métiers de services se développent en raison des **besoins nouveaux** de la population : aide aux personnes âgées à domicile, garde d'enfants, livraison à domicile, etc. D'autres métiers techniques se développent dans le domaine de **la protection de l'environnement** : par exemple, les métiers liés au traitement des eaux et des déchets ou de la pollution industrielle.

Un livreur de pizzas.

L'opinion des Français

> AVEC LE DÉVELOPPEMENT DES NOUVELLES TECHNOLOGIES, LES GENS NE SORTIRONT QUASIMENT PLUS DE CHEZ EUX.

1 Et vous, que pensez-vous de l'affirmation ci-dessus ?

_____

_____

_____

2 Quels sont les avantages et les inconvénients du télétravail ?

_____

_____

3 Quelle est la différence entre un CDD et un CDI ? (Relisez, si nécessaire, la page 126).

_____

_____

4 Cette différence vous semble-t-elle importante ? Pourquoi ?

_____

_____

5 Quels nouveaux métiers sont apparus dans votre pays ces dernières années ?

_____

_____

6 Débat. Les métiers liés à la protection de l'environnement vous semblent-ils un luxe ? Argumentez votre position.

_____

_____

6 LE SYSTÈME DE SANTÉ

Par rapport à d'autres pays, les Français se soignent avec attention : en 2009, la dépense totale de santé s'élève à 3 062 euros par personne. Cependant, on parle souvent de « l'excessive consommation » de médicaments des Français : en effet, ils sont les plus gros consommateurs de médicaments d'Europe.

LES MÉDECINS

Le **médecin de famille** joue traditionnellement un rôle important dans la vie des Français. Il s'agit d'un médecin **généraliste**, c'est-à-dire d'un médecin qui s'occupe de médecine générale. Pour des problèmes de santé plus spécifiques, le médecin généraliste envoie ses patients chez un **spécialiste** (chirurgien, ophtalmologue, dermatologue, gastro-entérologue…).

La plaque d'un médecin.

La **consultation** est payée directement au médecin qui remet au patient une « feuille de maladie » pour le remboursement des frais médicaux par la Sécurité sociale.

LA SÉCURITÉ SOCIALE

La **Sécurité sociale** (la Sécu), organisme d'assistance publique créé en 1945, rembourse le patient selon un tarif de base. Pour les médecins qui pratiquent des tarifs supérieurs à ceux fixés par la Sécu, le patient paie la différence. C'est la raison pour laquelle 93 % des Français ont une assurance complémentaire maladie, appelée aussi **mutuelle**. La Sécurité sociale rembourse les indemnités maladie en cas d'**arrêt maladie***. Elle prend également en charge les frais pharmaceutiques, les frais d'hospitalisation, de maternité, d'invalidité. Le financement de la Sécu vient des **cotisations** payées par les employeurs et les salariés. Les citoyens de l'U.E. bénéficient des mêmes droits que les Français.

La carte Vitale.

En 2000, le gouvernement a mis en place la **carte Vitale**, carte magnétique ressemblant à une carte de crédit, qui remplace l'ancienne carte d'assuré et la feuille maladie. Elle permet de simplifier le remboursement par voie informatique. Le système se met en place petit à petit.

1 Quelle est la différence entre un médecin généraliste et un médecin spécialiste ?

_____

_____

2 Vrai ou faux ?

	V	F
La Sécurité sociale naît au XXᵉ siècle.		
La Sécu ne prend pas en charge les frais de maternité.		
La Sécu prend en charge 50 % des frais médicaux.		
C'est l'État qui finance la Sécu.		
La feuille maladie n'existe plus.		

3 Qu'est-ce que la carte Vitale ?

_____

_____

_____

_____

4 Dans votre pays, comment est organisé le système de santé ?

_____

_____

_____

_____

_____

5 Observez l'encart ci-contre. Que remarquez-vous ? Dans votre langue, existe-t-il des abréviations et des termes plus familiers pour parler de médecine ?

Dans la langue courante, on dit :
– _Toubib_ au lieu de médecin (terme d'origine arabe)
– _Labo_ pour dire laboratoire d'analyse
– _Sécu_ pour dire Sécurité sociale
– _Kiné_ pour dire kinésithérapeute
– _ORL_ pour dire oto-rhino-laryngologiste

_____

_____

_____

_____

LES LIEUX DE SOIN

Pour se faire soigner, on peut aller à **l'hôpital**, dans les **dispensaires** (centres médicaux) ou dans des **cliniques**. Les deux premières sont des structures publiques, les dernières sont essentiellement privées.

L'hôpital Georges Pompidou.

LA PRÉVENTION

Par rapport à d'autres pays d'Europe, le système de prévention en France est bien organisé. Tous les ans, les salariés doivent passer une visite médicale payée par l'employeur dans le cadre de la **médecine du travail**. Une infirmière est généralement présente dans les établissements scolaires. Elle s'occupe de la santé des élèves et des étudiants, mais également de la prévention. On parle de **médecine scolaire**. Malgré ce système de prévention, un nombre important de Français ne se faisait pas soigner, principalement par manque de moyens économiques. En 2000, le gouvernement a donc voté une loi qui a permis la création de la **couverture maladie universelle** (CMU). La CMU prévoit des soins gratuits pour les plus défavorisés : 5 millions de personnes environ sont concernées.

LES MÉDECINES ALTERNATIVES

Les médecines qui ont recours à des substances naturelles – plantes ou minéraux pour la phytothérapie et l'**homéopathie** – ou encore les pratiques non-occidentales – **l'acupuncture** par exemple – sont appelées **médecines alternatives**. Les médicaments qu'utilisent ces médecines sont vendus principalement en pharmacie, mais on peut aussi les trouver dans les grandes surfaces.

Depuis quelques années, les pharmaciens, au lieu des médicaments prescrits par les médecins, peuvent donner des médicaments génériques, moins chers, mais qui ont les mêmes effets thérapeutiques.

ACTIVITÉS

1 Vrai ou faux ?

	V	F
Les hôpitaux sont privés.		
La prévention est assurée à l'école.		
Tous les Français sont bien soignés.		
La phytothérapie soigne par les plantes.		
Les médicaments génériques sont inefficaces.		

2 Que signifie « médecine alternative » ?

_____

3 Relisez le texte. Connaissez-vous d'autres médecines alternatives ?

_____

4 Dans votre pays, quels sont les moyens de prévention pour la santé ?

_____

_____

5 Observez le graphique et l'encadré ci-dessous. Quelles conclusions en tirez-vous ?

L'espérance de vie, en France, depuis 50 ans

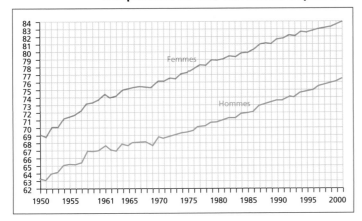

2009 : l'espérance de vie moyenne est de 80,8 ans.

Source : CREDES.

_____

_____

UN PAYS CROYANT ?

La France a une tradition **catholique**. Les traces de cette tradition sont repérables dans l'architecture : on compte d'innombrables cathédrales et églises. Le pays a été à plusieurs reprises le théâtre de luttes spirituelles – notamment les **guerres de Religion*** –, qui étaient aussi, d'ailleurs, des luttes politiques. Mais contrairement à d'autres pays catholiques, la France a voté, en 1905, une « loi de séparation de l'Église et de l'État ». C'est le principe de la **laïcité** : l'État français est **neutre** et **tolérant** en matière de religion. D'une part, plusieurs religions cohabitent en France ; d'autre part, beaucoup de gens affirment librement leur absence de religion.

De 13 à 20 %

De 10 à 13 %

De 6,5 à 10 %

De 1,1 à 6,5 %

Source : www.lexpress.fr

Le catholicisme en France.

En 1965, 96 % des Français se déclaraient catholiques et près de la moitié, pratiquants ; en 2004, seulement 62 % des Français se déclarent encore catholiques et seuls 10 % se rendent à la messe régulièrement. La définition de cette régularité est assez floue : au moins une fois par semaine en 1965, une fois par mois aujourd'hui. En général, c'est en vieillissant que la pratique religieuse devient fréquente et régulière.

Source : www.lexpress.fr

La République s'interdit les recensements religieux. Selon des estimations, les populations religieuses les plus importantes sont les suivantes :
– **les catholiques :** par tradition les plus nombreux ;
– **les musulmans :** l'islam est la deuxième religion de France, loin cependant derrière le catholicisme. La plupart des musulmans sont originaires d'Afrique du Nord. Leur nombre s'élève à 5 millions. Parmi eux 2 millions environ sont de nationalité française ;
– **les juifs :** la France est le pays qui compte le nombre le plus important de juifs en Europe occidentale – un peu moins de 1 million ;
– **les protestants :** ils sont moins de 1 million et se regroupent en 16 églises ;
– **les bouddhistes :** environ 700 000.

Le nombre de Français qui se déclarent sans religion s'accroît d'année en année. De tous les pays d'Europe, c'est en France qu'on trouve le plus d'**athées** convaincus. Plus de 26 % de la population se déclare sans religion ; par comparaison, seuls 5 % des Américains se déclarent athées.

Source : www.lexpress.fr

1   Qu'est-ce que le terme « laïcité » signifie ?

_____

_____

_____

_____

_____

2   Quelle est la deuxième religion en France ?

_____

_____

3   Quelle est la différence entre :

• croyant et pratiquant ? _____

_____

• laïque et athée ? _____

_____

4   Lisez le texte ci-dessous. Et vous, qu'en pensez-vous ?

89 % des Français estiment qu'il n'est pas nécessaire d'avoir une religion pour bien se conduire, 10 % sont de l'avis contraire.

Source : www.lexpress.fr

_____

_____

_____

_____

_____

5   Quelles questions soulève l'exception à la loi de 1905 accordée à l'Alsace-Moselle ?

L'Alsace-Moselle n'était pas française au moment du vote de la loi de 1905. Pour cette raison historique, les religions catholique, protestante et israélite sont présentes dans les écoles publiques et les religieux sont payés par l'État.

_____

_____

_____

_____

_____

8 LES TEMPS DE LA VIE

Certaines étapes de la vie sont marquées par des **rituels**. Il s'agit d'événements – officiels ou non, heureux ou tragiques – considérés comme importants.

La naissance (à la maternité) ne s'accompagne pas de cérémonie particulière. Dans la plupart des familles, c'est cependant une occasion, pour les amis, de faire un cadeau à l'enfant (jouet ou vêtement). Dans certains milieux sociaux, on annonce la naissance ou l'**adoption*** d'un enfant dans un journal local ou dans un quotidien national. Dans les familles croyantes, on baptise le nouveau-né.

La cérémonie du mariage s'est simplifiée (voir page 106), mais reste une fête pour la famille et les amis. Souvent aussi, jeunes mariés ou concubins fêtent l'arrivée dans un nouvel appartement par une fête qui réunit les amis. C'est la **pendaison de crémaillère***.

Les événements professionnels (tels que les départs à la retraite) sont quelques-unes des nombreuses occasions de partager un moment autour d'un repas ou d'un verre (de « faire un pot »).

Les décès enfin : il n'existe pas de véritable rituel laïque mais les Français souhaitent en général un rituel pour accompagner leur mort. En conséquence, si 10 % environ des Français pratiquent une religion, 80 % des obsèques sont religieuses. L'**enterrement** est la pratique la plus habituelle, mais l'**incinération** est maintenant assez courante. La tradition d'aller fleurir les tombes à la **Toussaint** se maintient (70 % des Français le font). Comme pour les naissances, certaines familles annoncent le décès de leur proche dans la presse.

Ulysse

Né le 01/02/10

était attendu avec impatience par ses parents

Marie-Cécile Hugon
Et Bastien Gallot
Tatie Marseille est ravie

Danièle, Flavie et Bruno
ont la joie d'annoncer la naissance de

Boris

Né le 20 janvier 2010

Danièle, Flavie et Bruno Petitport
50570 Le Mesnil-Amey

---

*Bienvenue à **Léa***

qui est arrivée
Le 25 janvier 2010,
à Autun

Chez Anne Martineau
et Cornélia Wenders

Nadia

A pris son départ
Chez Kamila, Leila et Hugo
Suarez
Le 20 janvier 2010
Jusqu'où ira-t-elle ?

---

1 Annonce de naissance dans la presse.

Examinez les exemples page 130. Après avoir choisi un type de famille française (voir pages 106-113), imaginez une petite annonce de naissance. Attention ! Ce ne sont pas nécessairement les parents qui rédigent l'annonce…

2 Le départ à la retraite est une étape importante mais ne signifie pas toujours l'inactivité. Observez la publicité ci-contre. Que cherche-t-elle à vendre ?

DÈS 60 ANS
CARTE SENIOR
JUSQU'À -50% SUR LE TRAIN*
-25% garantis
-25% SUR 5 SERVICES*

Publicité de la SNCF.

3 Quelle image cette publicité donne-t-elle des gens du troisième âge en France ?

4 Quelle fleur met-on sur les tombes à la Toussaint : muguet, chrysanthèmes ou tulipes ?

5 Commentez ces annonces.

Viroflay. Le Pradet (Var)
Mme Catherine Allais, son épouse
Jean-Luc, Marc, Adrien, Florence, ses enfants
Ses belles-filles et son gendre, ses dix petits-enfants
Sa famille et ses amis
Ont la tristesse de faire part du décès de
M. Jacques Allais
Ingénieur de l'armement
Les obsèques religieuses auront lieu le lundi 15 juillet 2010, à 10 h
en l'église Saint-Raymond du Pradet, suivies de la crémation au
crématorium de Cuers, à 11 h 30. Ni fleurs ni couronnes.
4, résidence Le Clos-Vieux. 78220 Viroflay.

Sa famille et ses amis
Ont la douleur de faire part du décès de
Mme Paul Fraineau
Née Renée Berger
Survenu le 13 février 2010.

L'inhumation aura lieu au cimetière du
Montparnasse le mardi 18 février à 17 h.

Sa famille
A la tristesse d'annoncer la disparition de
François Schmitt
Professeur, historien, militant
Survenue le 12 février 2010.
Selon sa volonté, son corps a été donné
à la science.
50-52, boulevard de Ménilmontant
75020 Paris

1

LA FRANCE URBAINE

PARIS ET LES AUTRES VILLES

La France est maintenant massivement une France des villes : près de 80 % des habitants vivent dans une zone urbaine, grande ou petite, ancienne ou nouvelle. Les villes nouvelles sont, en général, situées à la périphérie des grandes villes. Paris a longtemps occupé une place unique. On opposait la **capitale** à la **province** (le reste de la France !). La centralisation administrative, qui date de la Révolution française et de Napoléon Ier, existe toujours, mais l'écart entre Paris et les autres villes diminue. Les provinciaux « montent » moins à Paris parce que les autres villes ont changé. Elles offrent maintenant davantage d'emplois tertiaires, de possibilités culturelles, de loisirs et de formation. Elles ne sont plus isolées : le TGV, mais aussi le Thalys et l'Eurostar relient les **métropoles régionales** entre elles et à l'Europe entière. Certaines villes attirent les Français par leur meilleure **qualité de vie** : un environnement plus agréable, des déplacements moins fatigants, des entreprises plus petites, des logements moins chers. Cependant, Paris reste sans comparaison pour la vie nocturne, les événements culturels, la formation de haut niveau et l'offre d'emploi.

OÙ FAIT-IL BON VIVRE ?

La ville idéale semble être une assez grande ville, située au soleil, entre mer, montagne et campagne. Ce sont en effet les villes du littoral, en particulier **Rennes** en Bretagne et les villes du sud, comme **Toulouse** et **Montpellier**, qui ont attiré le plus de monde ces dernières années. Certains hésitent entre les avantages de l'Île-de-France et une autre région : chaque jour, environ 40 000 personnes font l'aller-retour entre la ville où ils habitent et la région parisienne.

Aix-en-Provence, une ville presque à la campagne…

1 Aujourd'hui, peut-on dire qu'en France il y a Paris d'une part et la province d'autre part ? Pourquoi ?

_____

2 La vie nocturne, est-ce important pour une ville ?

_____

3 Lisez les textes ci-dessous. Plus de quarante ans séparent ces deux chansons. Avez-vous le sentiment que les deux chanteurs parlent de la même ville ? Pourquoi ?

J'ai le mal de Paris	**Paris**
J'ai le mal de Paris	Finies les balades, le long du canal
De ses rues, de ses boulevards	Les escaliers des cartes postales
De son air triste et gris	C'est fini, Paris.
De ces jours, de ses soirs	C'est décidé je me barre[1]
Et l'odeur du métro	Finis le ciel gris, les matins moroses
Me revient aussitôt	On dit qu'à Toulouse les briques sont roses
Que je quitte mon Paris	Là-bas, Paris, les briques sont roses !
Pour des pays moins gris.	Paris, tu paries, Paris que je te quitte !
J'ai le mal de la Seine,	Que je change, de capitale !
Qui est toute ma peine	Paris, tu paries, Paris que je te quitte !
Et je regrette tant	Je te plaque[2], sur tes trottoirs sales
les quais doux aux amants ;	Je connais trop ta bouche, bouche de métro
J'aime me promener	Les bateaux-mouches et la couleur de l'eau
Dans tous les beaux quartiers	C'est fini, Paris
Voir le Palais-Royal,	Je les connais trop…
Les filles à marier,	_Paris_, Camille
Traîner à Montparnasse	
De café en café,	1. Se barrer : partir (en argot).
Et monter à Belleville	2. Plaquer quelqu'un ou quelque chose : quitter (en argot)
Tout en haut de la ville	
Pour la voir en entier	
J'ai le mal de Paris	
Quand je suis loin d'ici…	
Le mal de Paris, Mouloudji	

ahttp://www.youtube.com/watch?v=0yE12-7E51w

4 Dans ces chansons, qu'est-ce qui donne envie de vivre à Paris ? Qu'est-ce qui donne envie de quitter cette ville ?

_____

_____

5 Quelle chanson préférez-vous ? Pourquoi ?

_____

6 Un humoriste a dit en plaisantant que « l'idéal, c'était une ville à la campagne ». Beaucoup de Français semblent d'accord. Et vous, comment voyez-vous la ville idéale ?

_____

_____

LA PRÉOCCUPATION DU CADRE DE VIE

Les citadins* des centres-villes ou des périphéries urbaines sont de plus en plus sensibles à la qualité de leur environnement. On se préoccupe désormais de la pollution de l'air et de l'eau ; le nombre d'espaces verts augmente. Dans la plupart des **centres-villes**, il existe une ou plusieurs **rues piétonnes** (réservées aux piétons) et on essaie de limiter le trafic automobile.

À la **périphérie** des grandes villes, dans les banlieues populaires, l'amélioration de l'habitat est considérée par les habitants et les pouvoirs politiques comme une priorité. Dans ces banlieues, habite une population importante souvent logée en **HLM** (habitation à loyer modéré), en général dans des **grands ensembles***. Ces grands immeubles, construits rapidement dans les années soixante – quand la croissance urbaine était forte – se sont dégradés. Ils doivent aujourd'hui être rénovés. On construit désormais des **immeubles** plus petits. Dans certaines banlieues plus « chic », habitées par les classes moyennes, des villages de maisons individuelles se développent.

LES CONTRASTES

Comme dans la plupart des pays d'Europe, les grandes villes présentent des contrastes marqués. La beauté des quartiers historiques et le **dynamisme culturel** attirent les touristes, le **dynamisme économique** attire la population active (française ou immigrée). Mais dans les grandes villes, la **pauvreté** est aussi visible. Ainsi, on estime qu'aujourd'hui environ 100 000 personnes sont sans domicile fixe (**SDF***), malgré les actions de solidarité sociale.

Une rue piétonne à Nantes.

1 À votre avis, pourquoi les citadins sont-ils de plus en plus sensibles à leur cadre de vie ?

_____

2 Pourquoi l'amélioration de l'habitat est-elle considérée comme une priorité par :

– les habitants des grands ensembles ? _____

_____

– les pouvoirs politiques ? _____

_____

3 Quand cela est possible, une majorité de Français (56 %) préfère habiter une maison individuelle plutôt qu'un appartement dans un immeuble collectif. Est-ce la même chose chez vous ?

_____

4 Un sondage classe les villes françaises selon cinq critères :
Que signifient ces critères ?

_____

_____

_____

Source : _Ça m'intéresse_, février 2003.

5 Classez ces critères par ordre d'importance et justifiez votre choix.

_____

_____

6 Les Français s'intéressent depuis peu à la maison écologique. À votre avis, quels sont ses avantages et ses inconvénients ? (Pour vous aider : http://environnement.doctissimo.fr/economiser-l-energie/maison-ecologique/Qu-est-ce-qu-une-maison-ecologique-.htm)

AVANTAGES	INCONVÉNIENTS

7 Une histoire à terminer :

> J'ai fait un rêve. Je venais de finir mes études d'architecture. J'étais assis sur un banc, dans un endroit complètement vide. Pour une raison inconnue, les maisons avaient disparu. Il ne restait plus que le banc et un panneau publicitaire. Sur le panneau était écrit : « Ici, dans six mois, un nouveau quartier »...

2 LA FRANCE RURALE

Aujourd'hui, on ne peut plus véritablement opposer la **France des villes** à la **France des campagnes**. D'une part, avec le développement des villes moyennes, la campagne est rarement éloignée de la ville. D'autre part, la campagne s'est **urbanisée**. Quand les communes rurales sont situées dans des zones économiquement dynamiques, le **mode de vie** des ruraux n'est plus très différent de celui des citadins.

LES HABITANTS DES CAMPAGNES

• Les agriculteurs

Le nombre d'agriculteurs a beaucoup diminué dans l'ensemble du pays (2,1 % de la population active), mais également à la campagne. Ils représentent aujourd'hui moins de 10 % des habitants en zone rurale. Le travail des agriculteurs a changé, il s'est **mécanisé**. Avec la création de la Communauté européenne, leurs revenus ont augmenté. Il existe cependant des différences importantes selon le type d'agriculture et de région.

Des agriculteurs d'aujourd'hui.

• Les « rurbains »

Beaucoup de ruraux ne sont pas paysans mais travaillent dans la ville la plus proche. Artisans, ouvriers, employés ou cadres du secteur tertiaire, ils choisissent d'habiter la campagne pour profiter de la nature, d'un jardin et d'une **maison individuelle**. Parfois aussi, dans une famille, l'épouse travaille dans le tertiaire et le mari travaille la terre.

• Les néoruraux

Dans les années soixante-dix, des citadins, souvent jeunes, ont quitté la ville pour vivre à la campagne. Ces nouveaux ruraux (ou **néopaysans**) sont devenus, par exemple, éleveurs de chèvres ou de moutons. Après quelques années, beaucoup sont repartis en ville, mais certains se sont bien adaptés et pratiquent une **agriculture biologique** appréciée.

• Les résidents secondaires

En dehors de leur habitation principale, 10 % des Français environ possèdent une habitation secondaire (une **résidence**), souvent située à la campagne. Ils occupent cette résidence essentiellement pendant les week-ends et les vacances.

1 Aujourd'hui, en France, tous les ruraux sont-ils des agriculteurs ?

_____

2 Le mode de vie des ruraux est maintenant proche de celui des citadins. Pour plusieurs raisons.
En voici quelques unes. Complétez le tableau :

le développement des médias
l'augmentation des revenus des ruraux
le mélange des populations citadines et paysannes

3 « Rurbain » est un mot formé à partir du mot « rural » et du mot « urbain », pour parler
de quelqu'un qui vit à la campagne mais travaille à la ville. À votre tour, inventez un mot formé
à partir de deux autres mots et proposez-en une définition.

_____

_____

4 L'agriculture biologique n'utilise pas d'engrais chimiques (produits chimiques qui permettent
d'augmenter la fertilité de la terre) et se limite à une petite production. Quels sont les avantages
et les inconvénients de ce type d'agriculture ?

_____

_____

_____

5 L'extrait suivant évoque une vie de paysans normands.
À votre avis, à quelle époque ? Au XIXe siècle ?
Au début du XXe siècle ? Vers 1980 ? Pourquoi ?

_____

_____

_____

« Ils habitaient une maison basse,
au toit de chaume, au sol en terre
battue. Il suffisait d'arroser avant
de balayer. Ils vivaient des produits
du jardin et du poulailler, du beurre
et de la crème que le fermier cédait
à mon grand-père. Des mois à l'avance
ils pensaient aux noces
et aux communions, ils y arrivaient
le ventre creux de trois jours
pour mieux profiter ».

Annie Ernaux, _La Place_, Folio Gallimard, 1983.

6 La population des campagnes de votre pays
ressemble-t-elle à celle des campagnes françaises ?

_____

VIVRE AVEC LES SAISONS

Ce qui rassemble tous les ruraux, c'est la **nature**. Comme le travail agricole, les occupations traditionnelles de la campagne dépendent des **saisons**. Ces occupations n'ont pas disparu. Pour les agriculteurs, elles apportent un complément de revenus, pour les autres ruraux ou touristes, elles sont des loisirs. Les **cueillettes** (ramassage des champignons, des châtaignes, des fraises des bois, etc.) et la **pêche** (1,4 million de pêcheurs) sont très

Camille Pissarro, Vue de ma fenêtre *(1888).*

pratiquées. La **chasse** est traditionnelle dans certaines régions. Il y a 1,4 million de chasseurs en France (le plus gros chiffre de l'Union européenne). C'est d'ailleurs un objet de polémiques. L'Union européenne, pour protéger certaines espèces animales, veut raccourcir les périodes de chasse. Un débat, assez vif, existe entre partisans et adversaires de la chasse sous sa forme actuelle.

Le **jardinage** est une autre passion française : 70 % des Français ont accès à un jardin. Près des villes, on trouve encore des jardins ouvriers*, petits carrés de terre plantés de légumes et de fleurs qui sont cultivés pendant le week-end, pour le plaisir mais aussi pour faire des économies. À la campagne, aujourd'hui, les jardins ne sont plus uniquement utilitaires. Les **jardins potagers** fournissent des légumes, mais on accorde aussi beaucoup de soin aux **jardins d'agrément** (fleurs et plantes).

LA SAUVEGARDE DE LA NATURE

Pour préserver de grands territoires qui possèdent un intéressant patrimoine naturel – paysages, **faune** ou **flore** –, 9 parcs naturels nationaux et 46 parcs naturels régionaux ont été créés. Dans ces parcs, l'urbanisme et le développement sont contrôlés. Cependant, la création de parcs ne résout pas tous les problèmes de sauvegarde de la nature. La **pollution** concerne les villes, mais elle concerne aussi les campagnes : pollution agricole des sols par les **engrais**, pollution des rivières par les **industries**, pollution des côtes par les **marées noires***.

ACTIVITÉS

1 Pourquoi les Français aiment-ils pratiquer, pendant leur temps libre, les activités traditionnelles de la campagne ?

_____

_____

_____

2 Ces activités sont-elles populaires chez vous ?

_____

_____

3 Débat : un écologiste s'oppose à un chasseur à propos de la chasse aux oiseaux migrateurs. Imaginez les arguments de l'écologiste et ceux du chasseur.

_____

_____

_____

4 Que vous apprennent ces chiffres sur les Français et leur goût du jardinage ?

_____

_____

_____

_____

En 2008, les Français ont dépensé en moyenne 235 euros pour leur jardin.
Ce chiffre est en hausse régulière.
La vente des plantes vertes d'intérieur a elle aussi beaucoup augmenté.
Les jardins ont en moyenne 800 m², mais la moitié mesurent moins de 250 m².

5 Chez vous, les questions de préservation de la nature se posent-elles de la même façon qu'en France ?

_____

_____

_____

_____

_____

_____

Le parc national de la Réunion qui a été créé en 2007.
http://www.parcsnationaux.fr/Apprendre-Comprendre

3 LA FRANCE MULTICULTURELLE

UNE TERRE D'IMMIGRATION

La France est depuis longtemps un pays d'immigration. Depuis le début du siècle, c'est une terre d'accueil pour les **réfugiés politiques*** ; c'est aussi un pays qui, après les deux guerres mondiales, a fait venir des travailleurs étrangers pour sa **reconstruction** et son **industrialisation**. Après la Première Guerre mondiale, les **immigrés** étaient italiens, belges, polonais. Après la Seconde Guerre mondiale, sont arrivés des Espagnols et des Portugais. Puis l'immigration africaine (d'Afrique du Nord et d'Afrique noire) s'est développée. L'immigration s'est encore diversifiée avec la venue d'immigrés originaires d'Asie, d'Europe de l'Est et de Turquie.

Avec le ralentissement de l'économie à partir du milieu des années soixante-dix, les offres de travail ont diminué et le nombre officiel de travailleurs immigrés en France a baissé. Beaucoup de nouveaux arrivants sont des familles qui viennent rejoindre le père, déjà installé en France : c'est le **regroupement familial**.

Officiellement, combien y a-t-il d'immigrés en France ? Il n'est pas facile de répondre à cette question. On estime leur nombre à 4 900 000 (environ 7,5 % de la population). Un peu moins de la moitié d'entre eux sont d'origine européenne.

LE MODÈLE FRANÇAIS D'INTÉGRATION

En France, l'État considère les individus, citoyens de la République, et non les groupes communautaires. Le « modèle » français d'intégration est celui de l'**assimilation individuelle** (un immigré est quelqu'un qui s'adapte à la société française existante). Ce modèle, longtemps indiscuté, est aujourd'hui questionné. Les immigrés ont les mêmes droits sociaux, civils et économiques que les Français, mais ils n'ont dans la plupart des cas ni le droit de voter, ni le droit d'être élus. Les enfants d'immigrés, quand ils sont nés et élevés en France, sont français de droit : c'est le **droit du sol**.

Des adolescents français d'aujourd'hui, en stage d'escalade.

ACTIVITÉS

1 Quelles sont les raisons qui expliquent les grandes vagues d'immigration en France au cours de ce siècle ?

_____

_____

_____

2 Commentez l'information ci-contre.

_____

_____

_____

_____

> Un sondage de l'Insee de 2008 montre qu'en France, 20 % des parents immigrés utilisent en famille uniquement leur langue d'origine avec leurs enfants.

_____

_____

3 Lisez le texte ci-contre. La décision d'immigrer est considérée par J.F. Kennedy, fils d'immigré irlandais, comme une décision extraordinaire. Pourquoi ?

> « Il n'y a rien de plus extraordinaire que la décision d'émigrer. C'est une accumulation de sentiments et de réflexions qui conduit finalement une famille à faire ses adieux à la communauté dans laquelle elle a vécu durant des siècles, à briser des liens anciens, à quitter des paysages familiers et à se lancer sur des mers menaçantes vers une terre inconnue. »
>
> J.F. Kennedy, _A nation of Immigrants_, Harper and Row, 1964.

_____

_____

_____

_____

4 Ce texte vous semble-t-il universel ? Pourrait-il être écrit aujourd'hui ? Pourquoi ?

_____

_____

_____

_____

5 Décrivez et commentez la photo de la page 144.

_____

_____

_____

_____

L'ÉCHANGE CULTUREL

Le Nouvel An chinois à Paris.

La vie quotidienne en France, dans certains domaines, est influencée par des habitudes des étrangers. C'est le cas de la **cuisine**, de la **musique**, des **arts plastiques**, de la **décoration**, de la **mode**… Les Français apprécient la cuisine venue d'ailleurs, au restaurant mais aussi à la maison. La musique africaine ou le raï* ont leurs festivals et sont largement diffusés à la radio. Le Nouvel An chinois est fêté dans les grandes villes. Les vêtements et tissus traditionnels asiatiques et maghrébins ne sont pas portés uniquement par les personnes qui ont des liens avec l'Asie ou l'Afrique du Nord. Dans les appartements, certains meubles et décorations sont à la mode (sièges africains, kilims turcs, etc.).

À l'inverse, la vie en France modifie les habitudes de vie traditionnelles des immigrés venant de cultures éloignées. Par exemple, une partie des femmes immigrées travaille. Ceci a des conséquences sur le **rôle des femmes** dans les familles, sur le **nombre d'enfants** et leur éducation.

Le **contact culturel** est donc réel. Le nombre de mariages entre Français et étrangers sur le territoire national, assez élevé (35 000 en 2005), est un signe de cette réalité.

LES RÉSISTANCES CULTURELLES

Dans d'autres domaines de la vie quotidienne, qui touchent à la **vie sociale** (la laïcité, la place de l'individu, l'égalité des sexes, le respect des lois de la République), les Français ne sont pas prêts, en général, à accepter une remise en question des principes partagés par le plus grand nombre. Quand les immigrés sont attachés à certaines valeurs fortes, issues de cultures traditionnelles (la place accordée au groupe, à la famille élargie, à la religion hors de l'espace privé, la conception patriarcale de l'autorité, etc.), l'**écart culturel** existe.

1   Peut-on parler en France d'un échange culturel entre Français et étrangers ? Pourquoi ?

2   Lisez les deux témoignages ci-dessous : que remarquez-vous ?

Le Nouvel An chinois

Pour moi, depuis que je suis en France, la tradition disparaît un peu. Au début, on s'offrait de l'alcool et des clémentines, à l'occasion d'un grand repas familial. Maintenant, on s'est mis d'accord pour ne plus se prendre la tête[1] ! On ne s'offre plus de cadeaux. Ne reste que le repas. Ma fille, qui a deux ans, ne fête pas le Nouvel An chinois. On préfère célébrer Noël, que moi je n'ai jamais fêté.

A., 26 ans, Chinois vivant en France.

1. Se prendre la tête : expression familière qui signifie ici « se créer des complications ».

Ça ne fait que sept ou huit ans que je fête le Nouvel An. L'habitude, c'est qu'avec ma femme qui est d'origine chinoise, et toute notre famille, on prépare des raviolis qu'on mange le soir du réveillon. En général, j'emmène mes enfants voir le défilé dans le 13ᵉ et, pendant quelques jours, je distribue des enveloppes rouges avec des bonbons ou une petite pièce dedans. Pour moi, le Nouvel An, c'est comme Noël (...), c'est très familial et très enfantin. »

D., 46 ans, Français marié à une Chinoise.

Source : *Zurban*, n° 127.

3   Vous devez faire une enquête sur l'intégration des immigrés en France : sur quelles questions allez-vous vous renseigner : L'emploi ? La participation à la vie politique ? L'habitat ? Le partage de la langue française ? La vie des adolescents ? D'autres questions ? Pourquoi ?

4   Tzvetan Todorov (intellectuel français d'origine bulgare) plaisante sur son envie de « devenir aussi français que possible » :

« Au bout d'un an en France, je me piquais d'avoir goûté tous les fromages, de distinguer un bordeaux d'un bourgogne les yeux fermés et même de me prononcer sur l'année et le cépage... »

Tzvetan Todorov, *Devoirs et délices*, Seuil 2002.

La connaissance des fromages et des vins vous semble-t-elle un bon indice d'intégration en France ? Quels autres indices pouvez-vous imaginer ?

5   Imaginez qu'un Français émigre dans votre pays. À quels indices pourrait-il évaluer sa bonne intégration ?

1 PREMIÈRES IMPRESSIONS…

Whaïda, Algérienne, 30 ans

« Quand je suis arrivée en France je me sentais agressée par la publicité. Il y en avait partout, on montrait souvent la nudité et je regardais tout ! Puis je me suis mise à faire comme les Français : la publicité, en fait, ils ne la voient presque pas ! Ils n'y font plus attention, sauf quand elle est extraordinaire. »

Mamiko, Japonaise, 36 ans

« Quand je suis arrivée, tout me paraissait vraiment pas cher : le loyer, le téléphone, l'électricité, les transports, la bouffe… Mais peut-être juste parce que je suis japonaise !!! »

Nino, Italien, 60 ans

« Les Français ont de bonnes idées pour tout ce qui concerne la nourriture. Par exemple, je trouve l'idée de l'ascenseur pour les cornichons, géniale ! On peut en manger sans se salir les doigts ! Super, non ? »

Adriana, Colombienne, 38 ans

« Ici, beaucoup de choses marchent bien. Quand tu envoies une lettre, tu es sûr qu'elle arrive et qu'elle arrive rapidement. Tu peux vraiment te faire soigner dans un hôpital. Un autre point positif, c'est le système d'aide sociale : moi qui, dans mon pays, n'avais jamais eu droit à une aide financière, j'ai eu droit à une allocation-logement en tant qu'étudiante. »

Daniele, Italien, 36 ans

« Je trouve très bien qu'on puisse tout payer par Carte Bleue et par chèque, même des petites sommes. En Italie, c'est plutôt pour des sommes importantes. »

Natalya, Ukrainienne, 20 ans

« Quand j'ai dit à mes amis que je devais partir à Paris, tout le monde m'a dit : "Tu as de la chance, Paris est la capitale de la mode, tu verras, tous les gens sont bien habillés." Et puis, quand je suis arrivée en France et que j'ai pris pour la première fois le métro, j'ai vu que les filles et les garçons de mon âge étaient habillés de manière assez moche. »

Pamela, Chilienne, 22 ans

« Je trouve que les Français manquent de spontanéité, ils sont formels. On ne peut pas les appeler et leur dire de se voir le soir même juste parce qu'on en a envie. Il faut prendre l'agenda, chercher un jour et prendre rendez-vous, parfois même deux semaines plus tard ! Le problème est que souvent, le jour où il faut se voir, moi, je n'ai plus envie de sortir ! »

Juan, Espagnol, 22 ans

« Ici, les gens de mon âge sortent et se retrouvent surtout par petits groupes de 4 ou 5 fidèles. Il est difficile d'organiser des méga-sorties à 20 comme en Espagne ! En revanche, à Paris, on peut sortir 365 jours sur 365. On a toujours quelque chose à faire ! »

Mary-Louise, Américaine, 36 ans

« J'adore les cafés ici. C'est bien de pouvoir se donner rendez-vous au café, ou de rester des heures à lire tranquille, ou même là, sans rien faire, à regarder les gens et puis, quand il fait beau, on a tout de suite des tables à l'extérieur. C'est génial ! »

Gaoussou, Guinéen, 42 ans

« Quand je suis arrivé, c'était bizarre pour moi d'entendre les gens parler de la pluie et du beau temps, de les voir s'intéresser à la température au degré près. Les Français peuvent te dire exactement la température de l'eau de la mer ! 17° ou 18°! Et tout le monde a un thermomètre sur la fenêtre ! »

Shika, indienne, 20 ans

« C'est un peu difficile de savoir comment faire la bise ! Parfois, c'est quatre, parfois deux, rarement trois, parfois rien. Il faut du temps pour s'y retrouver... »

Théo, Néerlandais, 25 ans

« La première chose que j'ai remarquée, c'est le nombre élevé de pharmacies ! Il y en a plein, à chaque coin de rue. »

Pawana, Thaïlandaise, 28 ans

« Moi, ce qui m'a frappée le plus, ce sont les manifestations ! Il y a plein de monde dans la rue et on marche dans toute la ville. Paris est bloqué mais tout est très organisé. On sait à l'avance les quartiers à éviter. »

Antonio, Portugais, 40 ans

« Ce qui m'a tout de suite épaté, c'est que tous les Français semblent savoir danser le rock, tout au moins ils en connaissent la technique ! »

Mariti, Espagnole, 41 ans

« J'ai fait mes études de français dans une ville de l'est de la France. Une très jolie ville d'ailleurs, sympa dans la journée, vivante, avec beaucoup d'étudiants. Mais le soir, après 19 heures, c'était le désert, surtout en hiver. Pas un chat dans la rue... »

Luan, Chinoise, 24 ans

« Les Français ne sont jamais contents. Ils se plaignent tout le temps et ne voient que ce qui ne va pas ! C'est triste !!! »

Serena, Italienne, 28 ans

« Il y a des petites choses qui m'ont frappée dès mon arrivée. Par exemple, la première fois que je suis sortie avec un garçon, il m'a donné rendez-vous quelque part. En Italie, surtout la première fois, il est évident qu'il passe te chercher chez toi. Ou encore, les traversins, je n'avais jamais vu ça en Italie. Mais je n'ai jamais pu m'habituer à dormir avec, impossible ! »

Maki, Japonaise, 34 ans

« Ici, les animaux sont présents partout et bien acceptés. Au Japon, c'est impensable, surtout dans les appartements. D'autre part, ça fait un peu cliché, mais je trouve qu'il y a beaucoup de crottes de chiens dans la rue. Regarder attentivement par terre en marchant, c'est une des premières choses que j'ai apprises en France ! »

ACTIVITÉS

1 Quels témoignages vous semblent positifs ? Négatifs ?
Ni positifs ni négatifs ?

	positifs	négatifs	Ni positifs ni négatifs
1			
2			
3			
4			
5			
6			
7			
8			
9			
10			
11			
12			
13			
14			
15			
16			
17			
18			

2 Regroupez les témoignages selon les trois catégories suivantes :

comportements des Français	organisation de la vie sociale	autre

3 Qu'est-ce qui frappe Whaïda à propos de la publicité en France ? Trouvez-vous son témoignage surprenant ?

_____

_____

4 Natalya est déçue par l'écart entre la France, « capitale de la mode », et la manière quotidienne de s'habiller des Françaises. Comment expliquez-vous cet écart ?

_____

_____

5 Relisez le témoignage de Pamela. À votre avis, le manque de spontanéité qu'elle évoque est-il un problème lié à l'âge, à l'entrée dans la vie active ou à autre chose ?

_____

_____

6 En français, pour dire que l'on « parle de tout et de rien », on emploie l'expression « parler de la pluie et du beau temps ». Est-ce cela que Gaoussou veut dire dans son témoignage ?

_____

_____

7 Relisez le témoignage d'Adriana. Dans votre pays, existe-t-il des mesures semblables? Si oui, à qui s'adressent-elles?

_____

_____

8 Maki est étonnée par la place qu'occupent les animaux en France. Qu'en pensez-vous?

_____

9 L'ensemble des témoignages correspond/ne correspond-il pas à l'idée que vous avez de la France et des Français?

_____

10 Quel est le témoignage qui vous étonne le plus. Pourquoi?

_____

_____

11 À votre avis, pourquoi les étudiants venant de pays différents ne font-ils pas attention aux mêmes aspects de la vie en France?

_____

_____

12 Après la lecture de ce livre, quelle image vous faites-vous de la France/des Français?

_____

_____

_____

13 Cette image a-t-elle évolué au fil de la lecture du livre? Si oui, dans quel sens?

_____

_____

_____

14 Connaître la culture de l'autre signifie aussi connaître davantage sa propre culture. Qu'avez-vous appris sur votre propre culture?

_____

_____

_____

2 TABLEAU HISTORIQUE

J. Tardi et J. Vautrin, *Le Cri du peuple*, T.1, Casterman, 1999.

Quelques repères	Quelques traces dans la mémoire collective, dans l'architecture, dans les institutions.
• Vᵉ-IIIᵉ siècle av. J.-C. : Les Gaulois (des Celtes) peuplent le territoire.	• Les Druides.
• IIᵉ siècle av. J.-C. : conquête de la Gaule par les Romains.	• Pont du Gard, arènes de Nîmes. • Vercingétorix.
• Vᵉ siècle ap. J.-C. : conquête de la Gaule par les Francs.	
• 496 : baptême de Clovis, roi des Francs. La France devient chrétienne.	• Clovis.
• 800 : Charlemagne est couronné empereur. Il fait l'unité de l'Europe.	• Charlemagne.
• 987 : dynastie des Capétiens. Avec Hugues Capet, début de l'État-Nation.	• Architecture religieuse (nombreuses églises romanes, puis gothiques, à partir du XIIᵉ siècle). Création de la Sorbonne.
• 1337-1453 : guerre de Cent Ans contre les Anglais. • 1431 : Jeanne d'Arc est brûlée à Rouen.	• Jeanne d'Arc.
• 1515 : victoire de François 1ᵉʳ, pendant les guerres d'Italie, à Marignan.	• Une date facile à mémoriser pour les enfants des écoles. Un mouvement culturel : la Renaissance.
• 1539 : l'ordonnance de Villers-Cotterêts impose le français à la place du latin dans les actes administratifs et les jugements des tribunaux.	• Le français, langue officielle.
• 1598 : Henri IV rétablit la paix religieuse. L'édit de Nantes marque la fin des guerres de Religion.	• Henri IV.
• 1610 : assassinat de Henri IV et fin de l'unité nationale.	

Quelques repères	Quelques traces dans la mémoire collective, dans l'architecture, dans les institutions.
• 1643-1715 : règne de Louis XIV. Monarchie absolue.	• le Roi-Soleil et Versailles.
• 1789 : prise de la prison de la Bastille et début de la Révolution française.	• XVIIIe : le siècle des Lumières. Parution de l'*Encyclopédie*. • La cocarde (bleu/blanc/rouge). La Déclaration des droits de l'homme. La *Marseillaise*.
• 1793 : Louis XVI et Marie-Antoinette guillotinés.	• la Terreur.
• 1800-1815 : Après un coup d'État, Napoléon Bonaparte devient empereur et règne pendant quinze ans.	• Napoléon. Le Code civil. L'Arc de triomphe.
• 1815-1848 : chute de Napoléon et retour de la royauté.	• Louis XVIII.
• 1848 : révolution, en France comme dans toute l'Europe.	
• 1852-1870 : Second empire. Napoléon III (neveu de Napoléon Ier) mène une politique d'expansion coloniale (Afrique du Nord, Afrique noire, Indochine).	• Travaux d'urbanisme : le préfet de Paris, le baron Haussmann, fait détruire les quartiers anciens et construire de larges avenues.
• 1870 : déclaration de guerre de la France à la Prusse. Capitulation en 1871.	• Louise Michel.
• 1871 (mars-mai) : Commune de Paris. C'est la révolte des Parisiens contre la capitulation et contre le gouvernement.	• Le Sacré-Cœur est construit à Paris, pour célébrer l'écrasement de la Commune.
• 1870-1940 : IIIe République.	• Les lois de Jules Ferry rendent l'enseignement primaire gratuit, laïc et obligatoire. • Exposition universelle à Paris : construction de la tour Eiffel.
• 1914-1918 : Première Guerre mondiale. La France, l'Angleterre et la Russie (les Alliés) entrent en guerre contre l'Allemagne et l'Autriche. La guerre, devenue mondiale en 1917, est gagnée par les Alliés en 1918.	• Création de la SDN (Société des Nations), premier organisme chargé de faire respecter le droit international. Mais ses pouvoirs sont limités.
• 1936 : Front populaire (gouvernement de gauche).	• Loi généralisant les congés payés.
• 1939-1945 : Seconde Guerre mondiale. L'Allemagne et l'Italie occupent l'Europe. L'Angleterre et la France leur déclarent la guerre.	• De Gaulle.
• 1946-1958 : IVe République. Début des guerres coloniales (Indochine, Algérie).	• Droit de vote accordé aux femmes (en 1945). Création de la Sécurité sociale.
• 1951 : création de la Communauté européenne du charbon et de l'acier (CECA), à la base du marché commun de la CEE (communauté économique européenne).	
• 1958 : Ve République.	• Adoption de l'actuelle Constitution.
• 1962 : indépendance de l'Algérie.	
• 1968 : révolte étudiante et grèves générales. Contestation des valeurs de la société.	• Slogans politiques poétiques et « assouplissement » de la société.
• 1981 : arrivée d'un gouvernement de gauche au pouvoir.	• Mitterrand. Suppression de la peine de mort.
• 2002 : Utilisation d'une monnaie unique en Europe.	• L'euro.
• 2007 : élections présidentielles. Un des deux principaux candidats est une femme.	• Nicolas Sarkozy élu.

ACTIVITÉS

1 Lisez l'ensemble du tableau. Quels événements historiques connaissez-vous?

_____

_____

2 Ces événements sont-ils en rapport avec des événements historiques de votre pays?

_____

3 Classez les traces de l'Histoire présentées aux pages 152 et 153 dans le tableau suivant:

Personnages	Symboles	Monuments	Règles du droit et institutions

4 Observez le dessin page 152. À votre avis, quel événement historique illustre-t-il? Sur quels indices vous appuyez-vous pour le dire?

_____

5 Quelle impression vous produit le tableau ci-contre, traitant de la guerre de 1914-1918?

_____

_____

6 Correspond-t-il à l'image que vous avez de cette guerre?

_____

_____

7 Cherchez pourquoi les Français appellent cette guerre « la Grande Guerre ».

_____

_____

Marcel Gromaire, La Guerre, _1925._

8 Choisissez un événement historique qui a marqué l'histoire de France et présentez-le en quelques lignes.

_____

_____

_____

_____

_____

9 Décrivez l'affiche ci-dessous.

Paul Colin,
Marianne aux stigmates, *1944.*

_____

_____

_____

_____

_____

_____

_____

_____

_____

_____

_____

10 À votre avis, que symbolise-t-elle ?

_____

11 Près de soixante ans plus tard, quelle est, aujourd'hui, la place de la France dans le monde ?

_____

_____

12 À votre avis, en quoi cette place a-t-elle changé depuis 1945 ?

_____

_____

_____

_____

ACTIVITÉS ÉCRITES ET ORALES

DIALOGUES

La grande majorité des textes enregistrés sont des dialogues, courts, au débit assez lent, qui présentent des situations quotidiennes. Ils s'intègrent dans les différents chapitres de l'ouvrage. Ils doivent d'abord permettre aux apprenants d'approcher quelques situations usuelles et de s'entraîner, collectivement ou individuellement, à l'écoute du français standard contemporain dans ces situations. Après une sensibilisation rapide à la thématique du document, que fera l'enseignant, il s'agira, dans un premier temps, de repérer la situation de communication :
– en faisant des hypothèses sur le titre du document ;
– en s'appuyant sur des indices saisis à une première écoute (bruits de fond, mots clés connus, éléments prosodiques).
Seuls ou en mettant en commun ce qui a été saisi, les apprenants comprendront ainsi, progressivement, quel genre de document ils écoutent (conversation, reportage, critique radiophonique), où se passe la scène, qui parle, quel est l'objet de l'interaction, etc.
Après une seconde écoute, guidée par des questions, la lecture du texte permettra une compréhension affinée des dialogues et une mémorisation des expressions les plus marquantes. Une reformulation de ces expressions aidera ensuite les apprenants à s'approprier le texte et à envisager de créer et de jouer leur propre dialogue, dans la même situation ou dans une situation transposée. Les apprenants s'interrogeront enfin, d'un point de vue interculturel, sur les situations présentées : en quoi seraient-elles différentes dans leur pays ?

 BRETAGNE OU PAS BRETAGNE ? ⟶ Page 21

Daniel : Si on allait en Bretagne cette année ? Ça fait trois ans de suite qu'on passe nos vacances à Annecy. J'aime bien la Savoie mais je changerais bien un peu !
Christine : Hum ! Annecy, c'est l'eau et la montagne à la fois. Euh, c'est pas mal de pouvoir alterner randos* et baignades !
Daniel : Mais on peut marcher en Bretagne aussi ! On n'est pas obligés de faire les lézards sur la plage. Les chemins de douaniers, près de Carantec, je ne connais rien de plus beau.
Christine : Sans doute mais tu te baigneras avec un anorak ! Moi, l'eau à 17, franchement, ça m'tente pas.
Daniel : T'exagères un peu ! et puis, l'eau du lac, à Annecy, elle n'est pas à 25 non plus !
Christine : Bon d'accord, mais je te propose plutôt Paimpol. On peut louer un gîte et inviter des copains. Et puis, ça fait des années que j'ai envie d'aller au festival des Chants de Marins.
Daniel : (*il chante*) *Le bon vin m'endort, l'amour me réveille, le bon vin m'endort, l'amour me réveille encore.* D'accord pour Paimpol et ses marins, et je vais nous trouver un gîte sympa, une maison de pêcheurs avec un bout de jardin.
Christine : Sympa et abordable* ?
Daniel : Sympa et abordable !

* **abordable :** d'un prix raisonnable. – **une rando :** abréviation de « randonnée ».

ACTIVITÉS

1. La Bretagne est située au bord de la mer ou en haute montagne ?
2. Que veulent faire Christine et Daniel pendant leurs vacances ?
3. À votre avis, Christine et Daniel prennent-ils leurs vacances comme la majorité des Français (voir les tableaux de la page 85) ? Dites pourquoi.

PARIS-PLAGES

Page 26

Témoignages de deux Parisiens, Françoise et Romain.

Françoise : Je pars rarement en vacances en août. Paris-Plages, j'y vais depuis le début, en 2002 et j'trouve que c'est de mieux en mieux tous les ans. Bon, la plage de sable et les palmiers, c'est marrant*, mais pour moi, ce n'est pas le plus important. Ce que j'apprécie surtout, c'est de pouvoir me balader à pied le long de la Seine, sans être dérangée par les bagnoles*. Et puis j'aime bien l'ambiance. Les gens sont détendus, on prend un pot au bord de l'eau, c'est agréable. Il y a pas mal de spectacles aussi et mes enfants adorent. Moi, personnellement, j'aime mieux regarder les gens. Mes gamins font de l'escalade et ils vont aussi se baigner dans les bassins. Bon, ce sont pas... pas vraiment des piscines mais c'est pas mal quand même d'être en maillot de bain en bord de la Seine et de pouvoir s'asperger quand il fait 30 degrés ! Au début, j'ai essayé les chaises longues et les parasols, mais j'y ai renoncé. Je trouve qu'il y a un peu trop de monde pour pouvoir lire tranquillement.

Romain : C'est très bien. Vraiment une bonne idée de la Mairie de Paris. Il y a beaucoup d'enfants, c'est sympa. Je me sens un peu en vacances. Ce que je préfère, c'est sans doute la guinguette : quand je vois les gens danser, ça me donne envie de danser moi aussi. Et puis, j'ai eu l'occasion de faire un peu d'aviron à la Villette pour la première fois de ma vie. Une découverte ! La seule chose que je regrette, c'est qu'il n'y ait pas de navette entre le site de l'Hôtel de Ville et celui de la Villette, mais bon, ça, c'est une suggestion à faire pour l'année prochaine !

* **une bagnole :** *(familier)* : une voiture. – **marrant** *(familier)* : amusant.

ACTIVITÉS

1. Qu'est-ce que l'opération Paris-Plages ?
2. L'opération Paris-Plages est-elle destinée aux enfants ?
3. L'opération Paris-Plages vous semble-t-elle une initiative intéressante ? Dites pourquoi.

L'EUROPE AU QUOTIDIEN

Page 47

Journaliste : Qu'est-ce que l'Europe a changé dans votre vie quotidienne ?

Béatrice (42 ans) : L'Europe ? Je crois que personne n'imagine vraiment un gouvernement européen. L'Europe, ça se sent à des détails. D'abord, on n'a plus besoin de montrer ses papiers aux frontières. Ensuite, l'euro, c'est plutôt une bonne chose. Pas de changement de monnaie quand on voyage, ça facilite la vie. Et je m'amuse à comparer les prix d'un pays à l'autre. Une bière à Paris ou une bière à Amsterdam, on voit la différence ! Tout ça, c'est le bon côté de l'euro.

Journaliste : Il y a en a un mauvais ?

Béatrice : Le mauvais, c'est que les prix ont augmenté en changeant de monnaie. Quand je pense qu'on paie maintenant deux euros un café au bistro* du coin ! Si je traduis ce que ça fait en francs, j'hallucine* ! Heureusement, tout le monde a oublié les francs. C'est même étonnant de voir comme les Français ont vite oublié les francs...

Journaliste : Qu'est-ce que l'Europe a changé dans votre vie quotidienne ?

Chloé (26 ans) : Pour les étudiants comme moi, l'Europe, c'est une chance. Je suis partie avec Erasmus en Italie pendant neuf mois, en gros une année scolaire. J'ai rencontré des Italiens mais aussi des copains de Finlande et de Suède. Mon niveau en langue était moyen et je peux dire que je suis à peu près trilingue maintenant. Avec un diplôme d'archi* terminé à Venise et reconnu en France, j'ai amélioré mon CV*. Et puis, je suis sortie de ma petite fac où je connaissais tout le monde et j'ai appris à me débrouiller toute seule .

Journaliste : On peut parler d'une génération Erasmus ?

Chloé : On ne peut pas dire ça. Les étudiants qui partent à l'étranger ne sont pas tellement nombreux. Ce qui est sûr, c'est que ceux qui partent imaginent pouvoir vivre et travailler dans un autre pays. Et sont prêts aux rencontres.

* **archi :** architecture. – **un bistro** *(familier)* : un café. – **un CV :** un curriculum vitae indique un parcours de formation et un parcours professionnel. – **halluciner** *(familier)* : un nouveau mot qui signifie « ne pas en croire ses yeux ».

1. Les deux Françaises parlent de l'Europe. Parlent-elles de l'Europe géographique ou de l'Union européenne ?

2. Qu'est-ce que les deux Françaises interrogées retiennent principalement de l'Europe dans leur vie quotidienne ?

3. Que sont les échanges Erasmus ?

 4 ## TOUS LES DÉCHIREMENTS

➠ Page 56

Cette lumière
n'est pas à décrire
elle se boit
ou se mange

Le jaune attend le bleu
qui s'attarde avec le vert
le blanc sourit
à cette scène ordinaire
du dépit amoureux

Habiter son corps
n'est pas aisé
c'est une maison hantée
un champ de mines
Il faudrait pouvoir le louer
juste pour des vacances

La rosée
ce n'est que de l'eau
mais c'est une eau amoureuse

Je ne le nie pas
l'écriture est un luxe
mais c'est le seul luxe
où l'homme
n'exploite que lui-même

Le prophète détruit les idoles
le tyran
édifie des statues

J'ouvre la fenêtre
de mon jardin secret
Les prédateurs ont tout saccagé
ils ont emporté
jusqu'au secret de mon jardin

Souvent
je me sens diminué
fautif quelque part
quand on vient me féliciter

Je n'attends rien de la vie
je vais
à sa rencontre

Abdellatif Laâbi, « Tous les
déchirements »
in *Œuvre* poétique, tome 1,
© Éditions La Différence, 2006.

1. Quel est le thème de ce poème ?

2. Quelles strophes parlent du plaisir de la sensation ?

3. Quelle est pour vous la strophe la plus douloureuse ?

 5 ## RESTO U

➠ Page 64

Emma : Je viens de faire un quart d'heure de queue. T'en es déjà au dessert ! On avait dit qu'on déjeunait ensemble après le cours de géo…

Théo : Désolé, j'ai un exposé à 14 h et il faut absolument que je fasse des photocop* à la bibli*avant ; alors, j'ai expédié le repas. De toute façon, c'était franchement pas terrible.

Emma : Toujours mieux que de manger un sandwich et de boire un coca ; pour 2 euros soixante, au moins, t'as un repas complet !

Théo : On se voit ce soir ?

Emma : Ça va pas être possible, je fais un baby-sitting, mais il faut quand même qu'on trouve un moment pour que je t'explique comment marchent les appareils chez moi si tu veux t'installer quelques jours.

Théo : On peut pas faire ça demain ?

Emma : T'as oublié ? C'est demain que je vais à Lyon. J'ai pris un billet prem's* pas cher mais il faut que je sois à la gare à 6 h. J'ai cinq jours de stage, je ne serai pas à Paris avant samedi.

Théo : Ta coloc* ne peut pas m'expliquer ?

Emma : Elle n'est pas là en ce moment, elle est chez son copain. Tu seras tout seul dans l'appart*. Je te préviens tout de suite, la télé marche pas et j'emmène mon ordi*.

Théo : Merci, ça me dépanne bien ; ça va me laisser cinq jours pour chercher une chambre. J'ai trouvé une annonce sur le panneau d'affichage des étudiants de géo* et j'ai pris rendez-vous pour mardi mais… j'y crois pas trop. C'est trop beau pour être vrai. Chambre de bonne, 14 m² située en face du Luxembourg, sixième étage sans ascenseur, avec douche, WC, grande fenêtre, et en plus, il y a la wifi ! Tout ça pour 300 euros.

Emma : Avec l'APL*, ça serait possible.

Théo : T'imagines bien que je ne vais pas être tout seul à être intéressé !

Emma : C'est probable. À tout hasard, regarde les journaux des étudiants américains, il y a souvent des bons plans*. Au fait, on fait comment pour les consignes ? le chauffage, le four, la fenêtre qui ferme mal…

Théo : Le plus simple, c'est que tu m'envoies un mél détaillé.

* **l'APL** : Aide personnalisée au logement à laquelle ont droit les étudiants. – **la bibli** : la bibliothèque. – **un billet prem's** : un billet SNCF à prix réduit et non remboursable que l'on achète très à l'avance. Il faut être dans les *premiers* à réserver (dans les prem's) pour bénéficier d'un tarif avantageux. – **un bon plan** (*familier*) : une information précieuse et peu connue. – **une coloc** : les colocataires partagent un même appartement. – **géo** : géographie. – **un ordi** : un ordinateur. – **une photocop** : une photocopie. – **le resto U** : le restaurant universitaire.

ACTIVITÉS

1. **D'après le texte, qu'est-ce qu'un restaurant universitaire ?**
2. **Que va faire Théo pendant qu'Emma sera en stage à Lyon ?**
3. **Les difficultés rencontrées par Théo, étudiant parisien, sont-elles comparables à celles rencontrées par les étudiants dans votre pays pour se loger ?**

6 IL FAIT LA MANCHE*…

➠ Page 76

Un homme : Bonjour mesdames messieurs. Excusez-moi de vous déranger. Je m'appelle Gilbert, j'ai quarante-deux ans et je suis sans domicile. J'ai perdu mon travail, c'est pourquoi je me permets de passer parmi vous pour vous demander une petite pièce, pour pouvoir rester propre et dormir au chaud ce soir.

Deux amis, Cécile et Thomas, assis sur une banquette.

Cécile : J'ai pas de monnaie, t'as pas un euro à lui donner ?

Thomas : C'est un habitué, il est sur cette ligne tous les jours et le discours ne varie pas beaucoup !

Cécile : C'est peut-être un habitué*, mais il a l'air plutôt mal en point. Allez, donne-lui une pièce !

Thomas : C'est vrai, j'ai tendance à m'endurcir mais tu comprends, c'est le troisième depuis ce matin !

Cécile : Il préférerait sans doute ne pas faire la manche ! Passer ses journées dans le métro à demander un euro ou un ticket restaurant*, c'est pas vraiment drôle !

Thomas : Il y a des gens qui jouent de la musique, ça me semble mieux. Au moins, il y a un échange. Ils te donnent quelque chose et tu leur donnes de l'argent.

Cécile : Tout le monde n'a pas de talent de musicien.

Thomas : Je sais bien. Mais il faut bien choisir ! Ça dépend de mon humeur, quelquefois je donne une pièce, quelquefois pas, c'est injuste mais c'est comme ça ! Et puis, on ne résout pas la misère en faisant la charité.

Cécile : En tout cas, moi ça me met mal à l'aise. C'est pas possible que dans un pays riche comme le nôtre, des gens fassent la manche et couchent dehors !

* **faire la manche** : mendier. – **un habitué** : quelqu'un qui vient régulièrement dans un lieu donné. – **un ticket restaurant** : un ticket payé en partie par un employeur qui permet de payer un repas rapide.

1. Choisissez une réponse. Gilbert :
☐ veut vendre quelque chose aux voyageurs du métro.
☐ demande un peu d'argent aux voyageurs du métro.
☐ joue d'un instrument de musique.
2. Est-ce rare de voir des gens faire la manche dans le métro ?
3. Quelle est l'attitude de Cécile et de Thomas par rapport aux gens qui « font la manche »
dans le métro ?

7 UNE CRITIQUE CINÉMA À LA RADIO : *OCÉANS*, UN FILM À VOIR ?

⟹ Page 91

Journaliste : Nathalie Lantin a vu pour nous *Océans*, qui sort cette semaine sur les écrans. Alors, Nathalie, *Océans*, un film à voir ?

Nathalie Lantin : Plus de cinquante lieux de tournage, une douzaine d'équipes de plongeurs, des caméras numériques spécialement conçues pour le projet, et quatre ans pour achever le film. Après *Le Peuple Migrateur* qui nous avait offert un inoubliable voyage au milieu des oiseaux, Jacques Perrin et son équipe nous emmènent cette fois-ci sur toutes les mers du monde, des mers bleues des tropiques aux océans glacés de l'Arctique et de l'Antarctique. Une exceptionnelle réussite technique, pour ce projet qui a fait appel aux meilleurs scientifiques du domaine et à toutes les ressources de la technologie. Mais surtout, l'image est d'une beauté à couper le souffle ! Les tempêtes vécues de l'intérieur, la découverte d'espèces méconnues et cachées sont bouleversantes. On se sent un peu poisson lorsqu'on file au milieu d'un banc de thons ou lorsqu'on accompagne les dauphins ou les baleines dans leurs danses. On est terrifié par l'attaque des albatros qui plongent à 15 mètres sous l'eau pour s'abattre sur leurs victimes. Le spectacle se passe presque de mots. Il y a d'ailleurs très peu de commentaire, à peine sept minutes sur une heure quarante-cinq, pour attirer l'attention les menaces qui pèsent sur la diversité animale et sur la transformation de la mer en poubelle. On est loin du simple documentaire et le metteur en scène a raison de dire qu'il a fait un opéra de la mer.

Journaliste : Vous êtes enthousiaste !

Nathalie Lantin : Oui, vraiment. J'ai juste une toute petite réserve*. Je n'ai pas aimé la question, un peu nunuche* qui introduit le film. « L'océan, c'est quoi, l'océan ? » demande un petit garçon ; mais c'est la seule fausse note de ce film magnifique.

* **la bande-annonce :** la séquence de présentation d'un film. – **nunuche** (*familier*) : naïf et un peu sot. – **une réserve :** une restriction à un jugement favorable.

1. Quel est le sujet du film *Océans* ?
2. Pourquoi ce film paraît-il extraordinaire à Nathalie Lantin ?
3. Vous pouvez consulter la bande-annonce :
http://oceans-lefilm.com/
http://www.allocine.fr/video/player_gen_cmedia=18930571&cfilm=28714.html
Après avoir vu la bande-annonce, pouvez-vous dire en quelques lignes pourquoi vous avez envie ou pourquoi vous n'avez pas envie de voir ce film ? (15 lignes)

8 LES VIDE-GRENIERS* SONT À LA MODE

⟹ Page 93

Reportage.
Le journaliste : De Thonon-Les-Bains à Marseille en passant par le plus petit village de Bretagne, les vide-greniers sont partout. Plusieurs fois par an, sur les places de villages ou dans les rues des grandes

villes, les vendeurs occasionnels et les acheteurs se retrouvent pour une vente en plein air. Viennent-ils pour le plaisir d'une journée conviviale ou pour gagner quelques euros, en temps de crise ?
(*On entend ensuite les paroles d'exposants* et d'acheteurs.*)

Christiane : C'est sympa de voir la rue de la République animée, surtout un dimanche. Nous sommes un peu plus d'une centaine d'exposants à tenir un stand mais, vous savez, il y avait 180 demandes. Ce qu'on vend ? des vêtements, des jouets, des disques, des DVD. Il y a aussi des meubles, mais en général, les acheteurs s'intéressent plutôt aux bricoles*, une robe à trois euros, qu'on achète en passant pour sa gamine, ou une paire de rollers. Pour les habitants du quartier, c'est une occasion de se rencontrer. Et pour moi, c'est surtout une occasion de vider mes placards !

Dominique : J'ai vendu deux chemises de nuit qui avaient appartenu à ma grand-mère et des albums de photos anciennes qui sont partis tout de suite. Et aussi un jeu de Scrabble, il était presque neuf, je n'ai jamais aimé jouer avec. Mon vieil ordinateur, il n'a l'air d'intéresser personne mais ça ne fait rien. J'espère quand même récupérer une centaine d'euros aujourd'hui ; les temps sont durs, vous savez !

Alex : Pour faire de bonnes affaires, il fallait venir tôt ce matin. Trop tôt pour moi. De toute façon, je ne viens pas vraiment pour acheter, plutôt pour me balader. Bien sûr, J'aime bien fouiller et trouver des petits objets inattendus à des petits prix. La dernière fois, j'ai trouvé un bateau dans une bouteille. Quand j'étais gamin et que ma mère me traînait là, je détestais ça, maintenant, j'adore. Regardez ce monde !

* **une bricole :** une chose sans importance. – **un exposant :** il expose sa marchandise. – **un vide-grenier :** vente en plein air. Les vendeurs, qui ne sont pas des vendeurs professionnels, sont supposés vendre de vieux objets sortis de leur grenier.

ACTIVITÉS

1. Que font les exposants qui participent à un vide-grenier ?
2. Pourquoi, à votre avis, les vide-greniers connaissent-ils un tel succès en France ?
3. Les vide-greniers sont-ils populaires dans votre pays ?

 9 GRÈVE SUR LE RER A

⟶ Page 109

Dialogue entre un fils (F) et sa mère (M).
F : Il va falloir que tu m'accompagnes au lycée demain.
M : Pourquoi ça ?
F : Le RER A est en grève.
M : Tu sais ça comment ?
F : Par Internet. Je viens de regarder Rue 89.
M : Mais il n'y a rien dans le journal !
F : Ben, je peux te dire que c'est une grève illimitée.
M : Qui porte sur quoi ?
F : Des revendications de salaire, je crois. De la part des conducteurs. Comme il y a un appel de la plupart des syndicats, la grève va être suivie.
M : Il va falloir qu'on organise ! Demain, je peux te déposer au lycée avant d'aller travailler, mais mardi, ce ne sera pas possible. Demande à ton père.
F : Il sera en déplacement.
M : Alors tu iras à vélo.
F : J'ai déjà fait ça la dernière fois, quelle galère* !
M : Tu sais, on ne fait jamais grève par plaisir. Les grévistes perdent des journées de salaire.
F : Il y a quand même souvent des grèves de transport !
M : Moins que tu le crois. Il y a moins de grèves en France qu'en Angleterre ou qu'en Italie par exemple.
F : Tu veux toujours avoir raison.

* **quelle galère** (*familier*) : une situation vraiment pénible.

1. Pourquoi la grève du RER A pose-t-elle un problème au fils ?
2. Pourquoi les conducteurs du RER font-ils grève ?
3. Mère et fils ont-ils le même point de vue sur la grève des transports ?

 ## PROF DE COLLÈGE

▧▧▸ **Page 118**

Entretien avec Sonia, 30 ans, professeur de collège en Seine Saint-Denis.
– Pouvez-vous nous parler de votre métier ?
– Je suis prof de français, en banlieue parisienne, à Montreuil, en Seine-Saint-Denis, dans le 93. Bon, en général, quand on dit 93, les gens pensent tout de suite à une banlieue difficile.
– C'est pas le cas ?
– C'est plus nuancé que ça. Il y a collège et collège ! Moi, c'est vrai, le collège où je travaille est situé en ZEP, zone d'éducation prioritaire. Ce jargon* veut dire que 40 % des élèves du collège appartiennent à une classe sociale défavorisée. L'idée de départ de la ZEP, c'est de donner un peu plus à ceux qui ont moins. Concrètement, il y a moins d'élèves dans une classe de ZEP, environ 20 élèves au lieu de 30 ou même 35 dans un établissement normal. Les professeurs qui travaillent en ZEP reçoivent une prime et normalement, il y a plus de surveillants pour encadrer les élèves. Mais dans mon collège, on manque encore de personnel.
– Enseigner en ZEP, c'est un choix ?
– Au départ, je n'ai pas choisi de travailler là mais je suis contente d'y être. Bien sûr, il y a des moments difficiles. Certains élèves n'ont pas de quoi acheter un livre. Face à des situations aussi dures, on se dit qu'ils auront du mal à faire des études. Mais, en même temps, ça m'a appris des choses.
– Par exemple ?
– Par exemple à m'adapter. Je suis obligée d'avoir encore plus d'imagination et de travailler en équipe avec les autres profs. Un exemple parmi d'autres : on a monté un projet d'échange avec le Mali. Alors cette année, pour sensibiliser les élèves, un conteur malien est venu leur lire des contes en classe et il les a fait écrire. Les gamins étaient tellement heureux qu'on leur propose des choses nouvelles ! Même s'ils sont souvent en échec scolaire, l'école est une ouverture sur le monde dont ils ont besoin et qu'il faut continuer à leur donner.

* **un jargon :** lexique d'un métier particulier.

1. Qu'est-ce qu'une ZEP ?
2. Qu'est-ce qui montre que cette enseignante enseigne dans un collège « difficile » ?
3. Ce type de collège existe-t-il dans le système scolaire de votre pays ?

 ## AUJOURD'HUI, TOUT LE MONDE EST VERT

▧▧▸ **Page 139**

Entretien avec Claude, un militant écologiste.
Journaliste : Vous êtes militant écologiste depuis longtemps ?
Claude : Pas mal de temps, oui. Pour moi, le déclic, ça a été Tchernobyl en 86. Avec une catastrophe pareille, on s'est rendu compte que la planète était fragile.
Journaliste : Vous avez l'impression que les Français ont pris conscience des problèmes d'environnement ?
Claude : Les choses sont en train de changer. En France, il a fallu longtemps avant que les médias, les partis politiques, les entreprises, se préoccupent des questions d'environnement. Vous savez, à la différence des Allemands ou des Européens du Nord, ces questions faisaient ne pas vraiment partie de la vie des gens. Tant que l'essence était bon marché, les idées des écologistes n'étaient pas entendues. On vivait avec l'illusion de ressources inépuisables. Après nous, le déluge ! et tant pis pour la pollution de l'air et de l'eau.
Journaliste : Aujourd'hui, l'opinion publique n'est plus indifférente au réchauffement de la planète...

Claude : Avec le réchauffement climatique, c'est autre chose. Tout le monde comprend bien qu'on n'a plus le choix, qu'il faut réduire l'émission de gaz carbonique et de méthane. Alors, dans le discours, tout au moins, tout le monde est vert. Est-ce que, pour autant, les gens sont prêts à changer leurs habitudes ? Sur certains points, je le crois. Regardez le succès du tri des déchets, du Vélib*, ou des maisons géothermiques.
Journaliste : Mais il y a encore des acheteurs de 4X4, non ?
Claude : Franchement, conduire un 4X4 en ville ! Pourquoi pas un tank pendant qu'on y est !

∗ **Vélib' :** vélo en libre-service, mis à la disposition des Parisiens par la mairie de Paris. Le même service existe dans d'autres villes. Lyon a d'ailleurs commencé à offrir cette possibilité avant Paris.

A C T I V I T É S

1. Ce dialogue parle de Tchernobyl, du réchauffement climatique, de l'émission de gaz carbonique, du tri des déchets. À votre avis, de quoi traite-t-il ? D'écologie ? de géographie ? de médecine ? Dites pourquoi.
2. Pourquoi Claude dit-il que les choses sont en train de changer en France ?
3. Quelles sont les principales questions écologiques qui se posent dans votre pays ?

 # UNE COMMUNE DU TARN-ET-GARONNE RETROUVE SA BOULANGERIE

▰▰➡ Page 141

Interview d'Alain Couderc, boulanger, par Patrick Furet, journaliste à Midi-Montauban.
P.F. : Alain Couderc, grâce à vous, Ségur a de nouveau un boulanger ?
A.C. : Avec ma femme et mes enfants, je me suis installé à Ségur en novembre dernier. J'ai été contacté par le maire pour reprendre la boulangerie de la commune, qui était restée fermée pendant deux ans, après un incendie. Moi, j'avais travaillé pendant plusieurs années dans la boulangerie de ma famille à Montauban et avec ma femme, on avait envie de vivre à la campagne. La commune voulait à tout prix maintenir un commerce de proximité et nous, on était prêts pour l'aventure.
P.F. : La boulangerie, c'est aussi l'épicerie du village ?
A.C. : Une épicerie de dépannage*. C'est ma femme qui s'occupe de la boutique. Le travail ne manque pas ! On n'est pas trop de deux. Je travaille la nuit et je fais une tournée* dans les communes voisines. Bon, bien sûr, c'est un peu fatigant, mais ça marche bien. Je vais d'ailleurs embaucher une personne pour m'aider.
P.F. : Tout avait brûlé dans l'ancienne boulangerie ?
A.C. : Oui, la commune a racheté tout le matériel pour la fabrication du pain, un four électrique, un pétrin* et aussi le matériel pour la fabrication de la pâtisserie. La location est raisonnable, 420 euros par mois et nous avons un logement de fonction à l'étage, qui a été complètement remis à neuf. C'est un arrangement qui convient à tout le monde. Le village a retrouvé l'odeur du pain frais et nous, l'air et l'espace.
P.F. : C'est aussi une petite victoire contre la désertification* ?
A.C. : Je l'espère. Un village sans commerce, c'est un village mort. La boulangerie ranime le village, tout le monde le dit. Vous savez, il y a parfois la queue le matin devant la boutique. On en est fiers !

∗ **un dépannage :** le fait de fournir de façon occasionnelle des aliments quand les habitants manquent de quelque chose, sont « en panne » de nourriture. – **la désertification :** dans certaines régions, les villages perdent de nombreux habitants qui partent en ville. Ils deviennent ainsi des « déserts ». – **un pétrin :** appareil qui sert à pétrir la pâte à pain. – **une tournée :** vente ambulante de village en village. Le boulanger vend du pain dans son camion.

A C T I V I T É S

1. Pourquoi le journaliste Patrick Furet interroge-t-il Alain Couderc ?
2. Pourquoi la présence d'une boulangerie dans le village est-elle importante ?
3. Observe-t-on, chez vous, un phénomène de désertification des campagnes ?
Si oui, comment l'expliquez-vous ? Si non, comment l'expliquez-vous ?

Total : 80 points

L'ESPACE FRANÇAIS

1 **Pourquoi appelle-t-on la France « l'Hexagone » ?** ... / 3

_____

_____

2 **Choisissez la bonne réponse. La superficie de la France est de :** ... / 3

☐ 50 600 km²   ☐ 751 000 km²   ☐ 551 600 km²

3 **Choisissez les bonnes réponses. Parmi les pays suivants, cochez ceux qui ont une frontière commune avec la France.** ... / 5

☐ Belgique   ☐ Allemagne   ☐ Italie   ☐ Portugal

☐ Pays-Bas   ☐ Suisse   ☐ Espagne   ☐ Maroc

4 **Citez trois mers qui bordent la France.** ... / 3

_____

_____

_____

5 **Complétez le texte avec les mots suivants : océan, Manche, Méditerranée, maritimes.** ... / 2

Les côtés _____ de la France donnent sur la _____ au nord, sur l' _____
Atlantique à l'ouest et la mer _____ au sud.

6 **La France a un climat tempéré qui varie selon les régions. Associez types de climat et régions.** ... / 3

Types de climats **Régions**

Climat continental avec des hivers froids et des étés chauds • • Ouest

Climat méditerranéen avec des hivers doux et des étés chauds • • Sud

Climat océanique avec des pluies abondantes • • Est

7 **Associez un élément de la liste A à un élément de la liste B.** ... / 2,5

A B

a. Alpes • • **1.** Nord-Est

b. Jura • • **2.** Sud-Est

c. Vosges • • **3.** Sud-Ouest

d. Massif central • • **4.** Est

e. Pyrénées • • **5.** Centre

8 Les grandes villes sont généralement situées au bord des fleuves.
Pouvez-vous citer une ville située au bord : ... / 2,5

a. de la Seine : _____

b. de la Loire : _____

c. du Rhône : _____

d. de la Garonne : _____

e. du Rhin : _____

L'ORGANISATION POLITIQUE

9 Choisissez la bonne réponse. La France est actuellement sous : ... / 2

☐ la IVe République ? ☐ la Ve République ? ☐ la VIe République ?

10 Répondez. La Constitution française repose sur le principe de la séparation des pouvoirs.
Quels sont ces pouvoirs ? ... / 3

_____

_____

_____

11 Vrai ou faux ? ... / 5

	Vrai	Faux
Le Président :		
a. est le chef de l'État	☐	☐
b. est le chef des Armées	☐	☐
c. est élu pour trois ans	☐	☐
d. nomme le Premier ministre	☐	☐
e. peut dissoudre l'Assemblée nationale	☐	☐

12 Répondez. Le Parlement français comprend deux chambres. Qu'est-ce que cela signifie ? ... / 2

_____

_____

LA FRANCE EN EUROPE

13 Choisissez la bonne réponse. Quelle est la population française ? ... / 3

☐ 55 millions d'habitants ☐ 65 millions d'habitants ☐ 100 millions d'habitants

14 Choisissez la bonne réponse. Quelle est la population de l'Union européenne ? Environ : ... / 2

☐ 500 millions d'habitants ☐ 250 millions d'habitants ☐ 850 millions d'habitants

15 Répondez. Aujourd'hui, combien de pays font partie de l'Union européenne ? ... / 2

_____

16 Répondez. Pouvez-vous en citer certains ? ... / 5

_____

17 Choisissez la bonne réponse. La monnaie française est : ... / 3

☐ le franc ☐ le dollar ☐ l'euro

18 Vrai ou faux ? ... / 3

	Vrai	Faux
a. Il existe un gouvernement européen.	☐	☐
b. Tous les pays de l'Union européenne ont adopté une monnaie unique, l'euro.	☐	☐
c. La pièce d'un euro est identique partout en Europe.	☐	☐
d. Les citoyens européens circulent librement en Europe.	☐	☐
e. Il n'y a plus de frontières en Europe. Les citoyens du monde entier circulent librement en Europe.	☐	☐
f. Les systèmes éducatifs de tous les pays européens sont identiques.	☐	☐

19 Choisissez la bonne réponse. Où se trouve le siège du Parlement européen ? ... / 3

☐ à Strasbourg ☐ à Bruxelles ☐ au Luxembourg ☐ à Genève

20 Répondez. Pouvez-vous décrire le drapeau européen ? ... / 3

_____

_____

21 Choisissez la bonne réponse. L'espace Schengen est : ... / 2

☐ l'espace aérien réservé aux avions civils en Europe

☐ une zone de libre circulation en Europe pour les citoyens européens

☐ l'ensemble des pays européens qui ne font pas partie de l'Union européenne

REPÈRES HISTORIQUES

22 Répondez. Citez un événement historique important en France :   ... / 3

au XVIIIe siècle : _____

au XIXe siècle : _____

au XXe siècle : _____

23 Remplissez le tableau.   ... / 6

	Roi ou empereur	Président de la République	Chef militaire	Homme ou Femme politique	Écrivain	Autre
Jeanne d'Arc						
Robespierre						
Louis XIV						
De Gaulle						
Henri IV						
Louise Michel						
Charlemagne						
Jules Ferry						
Napoléon						
Mitterrand						
Molière						
Zidane						

24 Associez une trace architecturale à une époque ou à un événement historique.   ... / 6

1. le pont du Gard

2. le château de Versailles

3. L'Arc de Triomphe

4. le Sacré-Cœur

5. la pyramide du Louvre

6. la tour Eiffel

a. la IIIe République

b. le règne de Napoléon Ier

c. l'écrasement de la Commune de Paris

d. la conquête romaine

e. le XXe siècle

f. le règne de Louis XIV

25 Répondez. Qu'évoque pour vous Mai 68 en France ?   ... / 3

_____

_____

_____

Corrigés

1. On appelle la France « l'Hexagone » parce qu'elle a six côtés : trois maritimes et trois terrestres. Avec ses six côtés, sa forme rappelle la forme d'un hexagone.

2. 551 600 km².

3. Belgique, Allemagne, Italie, Suisse, Espagne.

4. Manche, océan Atlantique, Méditerranée.

5. Les côtés *maritimes* de la France donnent sur la *Manche* au nord, sur l'*océan* Atlantique à l'ouest et la mer *Méditerranée* au sud.

6. Climat continental Est ← Climat méditerranéen ← Sud – Climat océanique ← Ouest.

7. a. 2 – **b.** 4 – **c.** 1 – **d.** 5 – **e.** 3.

8. a. Paris – **b.** Tours – **c.** Lyon – **d.** Toulouse – **e.** Strasbourg.

9. Ve République.

10. Le pouvoir **législatif** exercé par les deux chambres (Assemblée Nationale et Sénat), le pouvoir **exécutif** (exercé par le président de la République et le gouvernement), le pouvoir **judiciaire** (exercé par différentes juridictions).

11. Seul élément faux : c. le président n'est pas élu pour trois ans, mais pour cinq ans.

12. Le Parlement est constitué par l'Assemblée nationale (1re chambre) et le Sénat (2e chambre).

13. 65 millions d'habitants.

14. 500 millions d'habitants.

15. 27 pays.

16. Les pays de l'UE : Allemagne, Autriche, Belgique, Bulgarie, Chypre, Danemark, Espagne, Estonie, Finlande, France, Grèce, Hongrie, Irlande, Italie, Lettonie, Lituanie, Luxembourg, Malte, Pays-Bas, Pologne, Portugal, République tchèque, Roumanie, Royaume -Uni, Slovaquie, Slovénie, Suède.

17. L'euro.

18. a. F – **b.** F : environ les deux tiers des pays de l'UE ont adopté l'euro. – **c.** F – **d.** V – **e.** F : actuellement, seulement 22 des 27 pays de l'UE font partie l'espace de Schengen – **f.** F.

19. À Strasbourg.

20. Le drapeau européen est un drapeau bleu qui présente, au centre, une couronne d'étoiles dorées symbolisant les différents pays membres.

21. Une zone de libre circulation en Europe pour les citoyens européens.

22. Au XVIIIe siècle, par exemple, la prise de la Bastille, le 14 juillet 1989, au début de la Révolution française. – Au XIXe siècle, par exemple, la Commune de Paris (révolte des Parisiens, mars-mai 1971). – Au XXe, par exemple, la Première Guerre mondiale (1914-1918) ou la Seconde Guerre mondiale (1939-1945).

23.

	Roi ou empereur	Président de la République	Chef militaire	Homme ou Femme politique	Écrivain	Autre
Jeanne d'Arc			X	X		
Robespierre				X		
Louis XIV	X			X		
De Gaulle		X	X	X		
Henri IV	X			X		
Louise Michel				X		
Charlemagne	X			X		
Jules Ferry				X		
Napoléon	X		X	X		
Mitterrand		X		X		
Molière					X	
Zidane						X

24. 1. d – **2.** f – **3.** b – **4.** c – **5.** e – **6.** a.

25. L'ensemble des mouvements de révoltes et de grèves qui ont eu lieu en mai-juin 1968 (révolte étudiante, grèves dans tous les secteurs) contre un système politique et économique et qui marquent une rupture.

LEXIQUE

Abbaye : ensemble de bâtiments qui abritent une communauté de moines* (en général bénédictins).

Adoption : acte juridique qui consiste à prendre quelqu'un pour enfant dans des formes légales et à créer ainsi des liens familiaux.

Agglomération : ensemble constitué d'une ville et de ses banlieues.

Airbus : avion européen, résultat d'une coopération entre la France, l'Allemagne, la Grande-Bretagne, la Belgique, l'Espagne et les Pays-Bas. Le premier vol d'Airbus a eu lieu en 1972.

Allocations familiales : aides financières versées par l'État aux familles ayant au moins deux enfants à charge.

Allocation logement : aide financière pour le logement versée par l'État aux familles ayant deux enfants à charge et à toute personne ayant des revenus très bas (les chômeurs, les étudiants…).

Allocation parent isolé : aide financière versée par l'État à un parent qui élève seul son (ses) enfant(s).

Allocation parentale d'éducation : aide financière pour l'éducation versée par l'État aux familles ayant au moins deux enfants à charge.

Ariane : inaugurées en 1979, les fusées spatiales européennes Ariane lancent des satellites utiles, par exemple dans le domaine des télécommunications.

Arrêt maladie : arrêt de travail, en cas de maladie, pendant lequel le salarié continue à percevoir son salaire. L'arrêt maladie doit être signé par un médecin.

Arrondissement : subdivision administrative de certaines grandes villes en France (Paris, Lyon, Marseille).

Assistante maternelle : personne qui garde des enfants à domicile sous la tutelle du personnel des crèches collectives.

Association : ensemble de personnes qui se réunissent et agissent dans un but commun et non lucratif (culturel, social, sportif…).

Astérix : héros de la bande dessinée créée par René Goscinny et Albert Uderzo. Les aventures d'Astérix et de son village gaulois mettent en scène, sur le mode humoristique, les stéréotypes nationaux français.

Autonomie politique : indépendance politique par rapport au pouvoir central, donc à l'État.

Bagne : établissement où les prisonniers (les forçats) subissaient la peine des travaux forcés. Les bagnes français se trouvaient surtout dans les colonies. Ils ont été supprimés en 1942.

Banlieue : ensemble de petites villes/localités qui entourent une grande ville. Elles sont autonomes au plan administratif, mais en même temps très liées à la ville. Elles sont socialement très différentes selon qu'il s'agit de banlieues populaires ou de banlieues « chic ».

Banlieusard : personne qui habite en banlieue.

Bataille de Poitiers : bataille qui s'est conclue par la victoire de Charles Martel sur les musulmans d'Espagne (732). Une des dates apprises par les enfants à l'école primaire.

Bénévole : personne qui apporte son aide gratuitement et sans être dans l'obligation de le faire. C'est souvent le cas des personnes qui font partie d'une association.

Bio : abréviation de biologique.

Bise : synonyme de « baiser sur la (les) joue(s) ».

Bleus (les) : c'est le nom qu'on donne aux joueurs de l'équipe nationale française de football. Cela tient à la couleur de leur maillot.

Bocage : type de paysage français qui se caractérise par des champs et des prairies enfermés par des haies.

Bourse : aide financière accordée à un étudiant par l'université ou l'État.

Bricolage : du verbe « bricoler ». Il s'agit des petits travaux en tout genre que l'on fait « de ses propres mains », chez soi ou à l'extérieur.

C

Cadre : le personnel d'une entreprise qui appartient à la catégorie supérieure des salariés.

Cadres supérieurs : ce sont les cadres qui, grâce à leur qualification, ont un pouvoir de contrôle et de décision au sein de l'entreprise.

Camisard : les Camisards, qui portaient sur leurs vêtements une chemise blanche (*camiso*, en languedocien) pour se reconnaître entre eux, étaient des protestants qui se sont révoltés contre les armées de Louis XIV au début du XVIIIᵉ siècle.

Canal : cours d'eau artificiel et navigable (le canal du Midi, par exemple).

Cantine : salle où on sert le déjeuner dans une entreprise ou à l'école.

Carême : période de quarante jours qui précède Pâques.

CDD : sigle pour « contrat de travail à durée déterminée ». Il s'agit d'un contrat de travail pour une période déterminée à l'avance (6 mois, un an…) selon les besoins de l'entreprise.

CDI : sigle pour « contrat de travail à durée indéterminée ».

Centre commercial : ensemble regroupant plusieurs magasins et plusieurs services.

Chambre d'hôte : chambre aménagée pour le tourisme dans une ferme, un château ou une grande maison familiale.

Chef-lieu : division administrative du département. Le chef-lieu est la ville la plus importante du département et la préfecture de celui-ci.

Ch'ti : ou ch'timi. Langue picarde et habitant du Nord-Pas-de-Calais.

Citadelle : édifice militaire fortifié qui protège une ville.

Citadin : habitant d'une ville.

Collectivités locales : elles constituent le cadre de la démocratie de proximité. Ce sont les divisions administratives du territoire supposées proches de la population et de ses préoccupations : communes, cantons, départements, régions. À la suite de la politique de décentralisation, l'État leur a cédé un certain nombre d'initiatives locales.

Colocation : location d'un appartement à plusieurs. Les colocataires partagent l'espace et les frais en commun.

Colonie : territoire occupé et administré par une nation étrangère.

Commerce de proximité : magasins de quartier.

Commune : la commune est la plus petite subdivision administrative du territoire ; elle est administrée par un maire et un conseil municipal.

Commune rurale : les communes rurales sont les communes qui se trouvent loin de la ville, à la campagne.

Concordat : convention qui règle les rapports entre l'Église et l'État sous Napoléon Bonaparte en 1801. Le régime du Concordat existe encore en Alsace et en Lorraine.

Conduite accompagnée : les Français passent leur permis de conduire à 18 ans. Dès 16 ans, ils peuvent conduire avec un adulte (conduite accompagnée), mais n'ont le droit de conduire seuls qu'à 18 ans.

Confit : préparation de certaines viandes, comme l'oie ou le canard, cuites et conservées dans leur graisse. Spécialité du sud-ouest de la France.

Congé de maternité : arrêt de travail qui précède et suit l'accouchement. Sa durée est généralement de six semaines avant et de dix semaines après l'accouchement. Pendant cette période, la personne salariée perçoit son salaire.

Congés payés : désignent les vacances payées accordées par la loi à tout salarié. C'est une mesure généralisée en France par le Front populaire en 1936.

Conseil de l'Europe : organisation de coopération européenne créée en 1949 qui réunit aujourd'hui 44 pays. Son siège est à Strasbourg.

Crèche (1) : établissement chargé de la garde des enfants de moins de trois ans.

Crèche (2) : représentation de la Nativité selon la tradition de Noël.

Crémaillère (pendre la crémaillère) : offrir un repas à ses amis pour fêter son installation dans un nouveau logement. Cette expression vient d'une époque où on pendait, au-dessus du foyer de la cheminée, un crochet avec des crans (une crémaillère) qui soutenait les récipients pour faire la cuisine.

Créole : langue née du contact de populations n'ayant pas de langue commune et formée, dans certaines colonies, à partir de la langue des colonisateurs et d'emprunts aux langues en présence dans ces colonies (français, espagnol, portugais, anglais, néerlandais et langues indigènes).

Crise de la vache folle : la maladie de la vache folle, découverte au Royaume-Uni en 1986, a conduit, en France, à une réduction considérable de la consommation de viande bovine en raison des risques d'attraper la maladie, transmissible à l'homme, de Creutzfedt-Jacob, qui est mortelle.

Cultures maraîchères : culture de fruits et de légumes (les primeurs).

Décentralisation : 1. l'État donne aux régions des pouvoirs de décision et de gestion. 2. C'est la dispersion sur le territoire des activités (industrie, administration…) qui étaient groupées dans un même lieu – notamment dans la capitale.

Déclaration universelle des droits de l'homme : texte adopté à Paris en 1948 par l'assemblée des Nations unies qui proclame les droits civils, politiques, économiques, sociaux et culturels de l'humanité.

Dégriffé : un vêtement dégriffé coûte moins cher parce qu'il ne porte plus la marque (la griffe) d'origine.

Dépôt-vente : c'est un magasin où les gens déposent les vêtements et les objets variés qu'ils veulent vendre et que l'on peut donc acheter à prix d'occasion.

DVD : anglicisme, abréviation de *Digital Versatile Disc* : support d'enregistrement à grande capacité.

Écrans géants : écrans qui permettent de projeter dans la rue des grands événements sportifs, comme la Coupe du monde de football, pour que tout le monde en profite.

Erasmus : nom donné aux échanges interuniversitaires entre pays européens. Du nom de l'humaniste hollandais Erasme de Rotterdam (1469-1536).

Études à finalités professionnelles : études qui préparent à un diplôme directement utilisable sur le marché du travail.

Exode rural : migration des habitants de la campagne à la ville.

Fac : abréviation de faculté.

Famille large (ou élargie) : la « famille restreinte » comprend uniquement les parents et les enfants. La « famille large » comprend en plus les alliés (parents plus éloignés).

Fève : petit objet que l'on cache dans la galette des Rois*. À l'origine, il s'agissait d'une fève (légume sec).

Fonctionnaire : agent public titulaire d'un emploi permanent dans la fonction publique.

Foyer : le foyer est une résidence collective pour les étudiants. Les services (salle de bains, WC et cuisine) y sont communs.

Francilien : habitant de l'Île-de-France.

Francofolies : festival de musique francophone qui a lieu en juillet à La Rochelle.

Francophonie : concept géopolitique (Francophonie)et concept sociolinguistique (francophonie). C'est l'ensemble des pays et des locuteurs dont la langue usuelle ou officielle est le français.

Galette des Rois : gâteau plat fait avec de la pâte feuilletée, souvent fourré de frangipane, contenant une fève* qui désigne le roi ou la reine de la fête de l'Épiphanie.

Galerie marchande : galerie bordée de magasins. Elle se trouve généralement dans les centres commerciaux

Gîte rural : appartement ou maison meublés destinés au tourisme et généralement situés à la campagne.

Grands ensembles : groupe important d'immeubles d'habitations qui bénéficient d'équipements collectifs (magasins, gymnases, espaces verts…). Les grands ensembles se trouvent généralement dans les banlieues des grandes villes.

Grands magasins : magasins à prédominance non-alimentaire qui offrent un très large assortiment de produits au détail (La Samaritaine, Printemps, les Galeries Lafayette, le Bon Marché, les Nouvelles Galeries…).

Guerres de Religion : conflits qui ont opposé en France les catholiques et les protestants (1562-1598). C'est l'édit de Nantes qui met fin à ces guerres et qui proclame la tolérance religieuse en France.

Guinguette : café populaire où on boit, mange et danse, en général en plein air.

Halles : c'est le nom qu'on donne à l'emplacement où se tient le marché de produits alimentaires d'une ville. Le quartier des Halles à Paris était anciennement le marché de Paris.

Hypermarché : magasin en libre service d'une surface d'environ 2 500 m^2 situé généralement à la périphérie d'une ville.

Impressionnisme : mouvement pictural se développant à la fin du XIXe siècle qui a marqué la rupture de l'art moderne avec l'académisme.

Jardins ouvriers : situés en périphérie des villes, ils étaient utilisés à l'origine par les ouvriers comme jardins d'agrément ou jardins potagers. Aujourd'hui, ils sont appréciés et cultivés par des personnes de toutes classes sociales.

Laïcité : principe qui exclut les Églises de l'exercice du pouvoir politique et, plus particulièrement de l'enseignement public.

Langue d'oc : ensemble de dialectes romans parlés dans la moitié sud de la France.

Langue d'oïl : ensemble de dialectes romans parlés dans la moitié nord de la France (picard, wallon, francien…).

Langue officielle : langue qui est adoptée par un État comme la langue de la communication dans les domaines officiels (administration, éducation…). Elle peut être la langue du pays, ou bien une autre langue (par exemple, la langue de l'ancien pays colonisateur).

Licencié (au sens sportif) : titulaire d'une licence sportive, c'est-à-dire d'une autorisation qui permet de prendre part aux compétitions des fédérations sportives.

Loi sur les 35 heures : loi votée en 1998, appelée aussi loi Aubry, du nom de la ministre qui l'a élaborée (Martine Aubry), qui fait passer le nombre d'heures de travail hebdomadaire de 39 à 35 heures. Cette loi est appliquée, avec des différences importantes selon les secteurs d'activité, dans les entreprises de plus de vingt employés.

Mac Do : abréviation de Mac Donald.

Maghreb : ensemble de trois pays de l'Afrique du Nord : Algérie, Maroc et Tunisie.

Marché : lieu public où on vend périodiquement des produits alimentaires et des produits d'usage courant. Les marchés en France sont le plus souvent en plein air.

Marée noire : pollution des côtes due au pétrole rejeté en mer par des pétroliers hors d'usage. La France n'est évidemment pas le seul pays touché.

Marianne : depuis la Révolution, la Liberté est représentée sous les traits d'une femme coiffée du bonnet rouge que portaient les forçats sous l'ancien Régime. L'origine du nom de Marianne est incertaine. Son visage figure sur les timbres-postes et un buste de Marianne est dans chaque mairie. Après Mireille Mathieu et Catherine Deneuve, c'est aujourd'hui Laetitia Casta, célèbre mannequin, qui incarne Marianne.

Moine : religieux qui vit dans un monastère.

Monnaie unique : depuis 1999, l'euro remplace les monnaies nationales dans les pays de l'Union européenne pour les transactions commerciales. Dans la vie quotidienne, l'euro est utilisé depuis 2002.

Multiplexe : cinéma doté de plusieurs salles.

Négritude : c'est un terme apparu aux environs de 1935 et utilisé par A. Césaire et L. S. Senghor. Il désigne l'ensemble des valeurs culturelles et spirituelles des Noirs.

Nourrice : femme qui par profession élève et garde des enfants en bas âge (petits enfants).

ONG (organisation non gouvernementale) : organisation humanitaire financée par des dons privés.

Ostréiculture : élevage d'huîtres.

Palais omnisports : endroit où sont pratiqués plusieurs sports.

Parc naturel : vaste territoire à l'intérieur duquel la faune, la flore et le milieu naturel sont protégés. Il existe en France des parcs naturels nationaux et des parcs naturels régionaux.

Parlement européen : organe de l'Union européenne qui s'occupe de l'activité législative, du budget et de l'activité des différentes institutions européennes.

Patrimoine mondial de l'Unesco : il s'agit d'une liste mondiale de biens culturels et de biens naturels, établie par l'Unesco, qui vise leur protection et leur mise en valeur. Cette liste s'allonge chaque année.

Pays celtiques : pays dont la population d'origine (ou une partie de la population d'origine) était celte : Écosse, Irlande, pays de Galles, Bretagne, Galice, Canada.

Pays émergents : pays dont le produit intérieur brut (PIB) par habitant est inférieur à celui des pays développés, mais qui ont une croissance économique rapide.

Pèlerinage : voyage collectif ou individuel pour des motifs religieux, dont le but est un lieu saint.

Petit boulot : synonyme de « job ». Il s'agit d'un travail rémunéré (payé), mais qui n'est pas considéré comme un véritable métier.

PME : sigle pour « petites et moyennes entreprises » (secteur tertiaire).

PMI : sigle pour « petites et moyennes industries » (secteur secondaire).

Population active : population qui a un emploi rémunéré ou qui est disponible pour travailler.

R

Rap : style de musique dont les paroles sont récitées sur un fond de musique très rythmée.

Raï : style de musique populaire moderne d'origine algérienne.

Réfugié politique : personne qui, à cause de ses opinions politiques, craint d'être persécutée dans son pays d'origine et réclame, pour cela, la protection du pays d'accueil.

Restauration rapide : terme français qui correspond au terme anglais *fastfood*.

Restaurants du Cœur : il s'agit d'une association de bénévoles* fondée en 1985 par Coluche, comique populaire français mort en 1986. Les « Restos du Cœur » luttent contre la sous-nutrition et fournissent des repas chauds aux plus démunis pendant la saison d'hiver.

RER : Réseau Express Régional.

Retraité : personne qui s'arrête de travailler après une durée fixée par la loi et variable selon les emplois. Les retraités ont droit à une retraite, c'est-à-dire à une pension constituée des cotisations retenues sur le salaire pendant les années de travail.

RTT : sigle pour « réduction du temps de travail » qu'on utilise depuis l'application de la loi sur les 35 heures. Le sigle exact est ARTT (aménagement de la réduction du temps de travail).

S

Schengen (espace de) : espace de libre circulation des personnes à l'intérieur de l'Union européenne. Les accords de Schengen ont été signés en 1985 (et complétés en 1990) entre l'Allemagne, la France, la Belgique, le Luxembourg, les Pays-Bas, l'Italie, l'Espagne, le Portugal, la Grèce et l'Autriche.

SDF : personne sans travail, sans logement qui vit dans la rue. Parmi les SDF, on trouve essentiellement des hommes chômeurs, des vieillards sans ressources, des immigrés récents.

Services : ensemble d'activités professionnelles exercées dans une entreprise ou dans une administration.

Service public : toute activité d'une collectivité publique qui a pour objectif de satisfaire un besoin d'intérêt général (par exemple, La Poste, la télévision).

Smic : sigle pour « salaire minimum interprofessionnel de croissance ». Il s'agit d'un revenu minimal dont le montant est établi par le gouvernement et auquel les entreprises doivent se conformer.

Sommet de la Francophonie : il regroupe 55 états et gouvernements. L'idée d'une organisation institutionnelle de la Francophonie a été lancée dans les années soixante et a été défendue ardemment par plusieurs chefs d'État, notamment L.S. Senghor (président du Sénégal).

Sous-traitance : une entreprise principale confie un travail – ou une partie de celui-ci – à un partenaire extérieur : le « soustraitant ».

Suffrage universel direct : système de vote par lequel le citoyen vote lui-même pour élire son représentant (en France, l'élection du président de la République, des députés, etc.).

Suffrage universel indirect : système de vote par lequel le citoyen élit les intermédiaires qui, à leur tour, élisent les représentants (par exemple, l'élection des sénateurs).

T

Territoires d'outre-mer (TOM) : ce sont des territoires, hors de la métropole, qui ont un statut particulier dans la République française (la Nouvelle-Calédonie, Wallis-et-Futuna, la Polynésie française, les terres australes et de l'Antarctique françaises). Chaque territoire est administré par un représentant de l'État français.

Théâtre national : théâtre entièrement subventionné par l'État. Il existe cinq théâtres nationaux : la Comédie française, le théâtre de Chaillot et le théâtre de la Colline à Paris ; le TNP à Lyon ; le Théâtre national à Strasbourg.

Travail à temps partiel : travail d'une durée hebdomadaire inférieure à celle du travail à temps plein.

Trente glorieuses : trente années économiquement prospères.

Trolleybus : transport en commun électrique sur pneus dont la prise de courant est aérienne.

U

Union libre : vie commune hors mariage (concubinage).

CRÉDITS PHOTOGRAPHIQUES

N° d'éditeur : 10210747 - septembre 2014
Imprimé en France par I.M.E. - 25110 Baume-les-Dames